黃大米 著

可以強悍 be STRONG
也可以示弱 show WEAKNESS

有身段也有手段，
人生的規矩我說了算

CONTENTS

PART 1

要有去看大山大海的野心

不要怕被打分數 009
可以霸氣說「我還在」 023
臣服內心欲望，就會產生超能力 029
強人的時間就是中央標準時間 035
不改變你就輸了 041
期待被愛不如先愛己 047
感謝酸民 061
無路可退時，活下來才是最重要的事 071

PART 2

把每一仗都打好打滿

換了位子換了地位 081
能吞下一口氣才是真強者 093
資歷能換來機會，實力才能拿穩位子 099
面對老鳥的冷漠，小心輕放玻璃心 107
給主管的求生祕笈——補人之前需三思 113
經歷遍體鱗傷，才熬出與生活搏鬥的堅強與剽悍 119
階段性夢想讓你的人生不受限 125

CONTENTS

PART 3

找到自己的人生頭條

允許朋友有說不的權利 133
人人的頭條都不同 139
比八點檔更鬧的戀愛 145
結婚大作戰 155
串起又散落的貴婦夢 163
可怕或可愛都無妨，重要的是—— 177
安全不是人生唯一道路 181
你是世界的中心 187

跋——謝謝你造就了我 193

PART 1

要有去看大山大海的野心

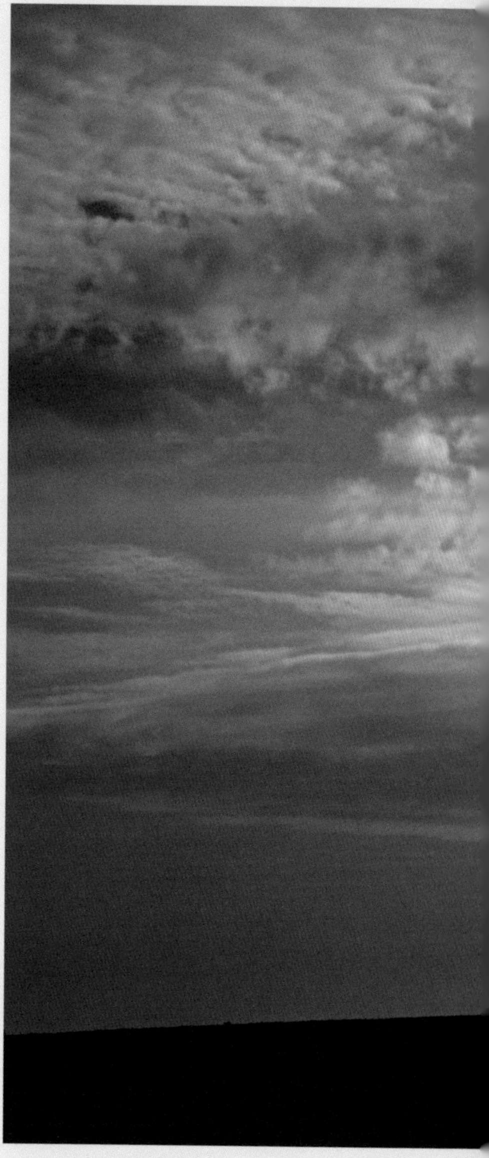

不要怕被打分數

世間所有別人對你的喜怒好惡都如天上的月亮，
初一十五不一樣，不用太在意，
但確實可以對每件事情盡力而為。

那天，我倉皇丟了離職單。倉皇兩字來自存款不足，如果存款豐厚，離職不過就是老娘覺得不爽，不想幹了。反之，由於存糧不夠，無以應對來日的風險，走入陰晴不定的暴風圈，生活籠罩在風雨飄搖的未知與不安。

丟離職單之前，我內心想像過一千零一種與主管的談判與對話，是撕破臉的針峰相對或是若無其事笑著說再見，內心百轉千迴地演練，腦中的小劇場不斷地排演。

為什麼不得不走？因為黃大米越來越被大家熟知，文章被許多網站大量引用，站在我主管的立場，這已經造成他管理上的困難。離職或者封筆，我只能二選一。我毫不遲疑地選了前者，在跑完離職流程後，生活的壓力變得具體又巨大，我的大腦反反覆覆計算著生活的開銷，盤算著是否可以因應。

兩年後回首當時離職的情景，一切都像過眼雲煙，職場上讓人糾結的事情，離職之後都是小事。

離職之後第一個夜晚最煎熬，我必須讓精神脫離殘酷的現實，躲入書中企圖安頓靈魂，我打開《寶傑，你怎麼說》這本書，它讓我的靈魂得到救贖，我在粉絲團上引述書中部分內容，分享我的收穫與感動，希望能撫慰在遠方一樣為失業所苦的人。

知名主持人劉寶傑曾是報社記者，一個月收入八萬到九萬，薪水不差，套句他書中寫的，「混到退休」絕對沒問題，但也面臨加薪難如登天的關卡，光是加薪三千，都要謝天謝地，感謝公司的大恩大德。

那時電視台談話性節目興起，劉寶傑開始上節目分享新聞現場的觀察，通告費一集三千，一個月可增加三萬收入，不無小補。他在工作之餘接通告，自認跑新聞依舊認真，不曾愧對公司給的薪水，這是他單方面的想法，同事們跟公司卻不這樣想，他提攜過的後輩，直接在開會時批鬥他：「記者採訪的資料應該全部給公司，你在節目上講，就是出賣公司。」他感到心寒，也覺得自己該走了。

他雖然常上通告，但在眾多名嘴中，他的口才不算出色，大家的印象是，他言之有物，卻不討喜。

為了電視台給的優渥待遇，以及更有發展性的未來，劉寶傑不管自己的口才有多爛，在四十二歲時決定跳槽，一切歸零，他在書中寫著：「我願意為了這樣的待遇，去努力，去學習，去改變。」

看到這段文字，我非常動容。當時，我曾在電視台親眼看到資深的他，放下身段，四處敲著剪接室的門，詢問後輩是否可以教他電視新聞的配音技巧，態度非常謙卑有禮貌，完全沒有身為前輩的包袱與傲氣。

當你在職場上轉換跑道時，面對新工作過渡期的陣痛，你不僅要忍，還要懂得甘之如飴，更要知道自己拚的是什麼，明白不遭人妒是庸才的道理，這是每個啟動成功按鈕的人，必然會遭受的命運，一如我被主管逼退，也是必然的過程。

在我心情很低落的那個晚上，粉絲團上仍有數萬粉絲，他們在遠方喜愛著我，網路上的熱情很像是一張交錯綜合的蜘蛛網，縱然綿密卻撐不住我此刻的傷悲，強烈的茫然感吞噬了我。我沒時間和餘力處理傷悲，想到明天還有一場高價演講，我必須全力以赴，稍稍整理心情，將注意力投入製作演講用的簡報，思考這次演講該如何起承轉合，才會更順暢。

我告訴自己，不論多悲傷，明天都要精神奕奕地上場。

演講當天，現場來了三百人，座無虛席連走道上都坐滿人，站在台上看到這一幕，我滿滿的感動。我因剛經歷被逼退的創痛低潮後，所有的框架因此統統解構，統統無所謂了，我把這場演講當作是最後的演出，用盡力氣去講，贏得台下熱烈掌聲。結束後，我再也撐不住，立刻搭高鐵回高雄療傷，一進家門倒頭就睡，關於明天與未來的事，以後再說。

一向報喜不報憂的我，對家人隱瞞了離職的事，報憂於事無補，家裡老的老小的小，誰都無力幫我解決，平添擔心而已。從高雄老家回到台北後，說來也神奇，演講邀約湧入，許多信上都寫著：

「大米，我是你的粉絲，之前曾來信探詢你的演講意願與費用，那天聽到你的演講，我跟同事都覺得非常精采，想詢問你是否有空前來演講？」

「大米老師你好，我們是××公司，我們特別派人去聽你的演講，坐在前排中間的位子，你的演講真的很精采，希望能邀請你到我們北中南三個分公司演講，再麻煩告知演講費用以及方便的時間。」

我看著邀請信，感到很不可思議，才知道原來高價的演講，承辦人員為了減少踩雷的風險，會先去其他場次試聽，我那場豁出去的演講成功地打動了他們的心。這些演講邀約的收入補足我離職後經濟上的缺口，真可說是山窮水盡疑無路，柳暗花明又一村。

人生很苦，不苦的話，你出生時，就不會哭了，誰都有挫折，重要的是，把挫折走過，讓它成為養分，在心中開出一朵花來。

幾個月後，我的收入逐漸穩定，恰巧某所大學缺公關，我前往就任，遇到好相處的同事與主管，給我充分的信任與自由，他們毫不介意我是黃大米的斜槓身分，讓我非常自在，我從人生的谷底看到另外一片美不勝收的風光景致，感受如神蹟般的奇異恩典，在我身上降臨。

這次的低潮，讓我體悟幾件事：

一、表現好每一次，不要怕別人打分數

我從來不知道，演講時台下會有祕密客幫你打分數，後來才知道，很多人資或者公司都會派人了解講者的風格與內容是否適合再作邀約，也就是說，我的每一場演講都會牽動之後的機會，口碑傳開後也會邀約不斷，相反地，如果表現不佳，後續要讓顧客回流就更花力氣。

在電視圈工作時，每天進到辦公室後，都會打開收視率報告，除了看看

自己台內的節目表現，也會觀察競爭的頻道收視率如何，每個電視台內都有專人製作分析收視率的報告，寫上每分鐘別家新聞台播出什麼新聞或者競爭節目請了哪個來賓，分析哪個來賓只要一開口，收視率就爆衝，哪個來賓只要一出現，收視率就下跌，因此我們常說：「某個來賓表現好，不是只有一個製作單位知道，而是所有電視台都知道了。」

多年前，林志玲拍過一支廣告，她對著鏡頭甜美地抗議：「不要對我打分數！」事實上，這是不可能的。只要活著的每一天，別人分分秒秒都在對你打分數，可能你一個善舉，讓對方對你大大加分，也可能因為一句無心的話，讓別人對你產生反感，世間所有別人對你的喜怒好惡都如天上的月亮，初一十五不一樣，不用太在意，但確實可以對每件事情盡力而為，當機會上門時，好好表現，每一次的成果，都可能帶來貴人的青睞，牽動未來的發展。

不要害怕別人幫你打分數，被打分數是人生的常態，你改變不了這世界運行的規則，你唯一能掌握能做的就是讓自己每次表現都很精采。當你誠心誠意去準備，表現通常也不會太差，全力以赴就是珍惜機會。

⁚⁚ 你改變不了這世界運行的規則，
你唯一能掌握能做的
就是讓自己每次表現都很精采。

二、職場、情場都沒有專家

只要跟人有關的事情，都是瞬息萬變，因此職場跟情場都沒有專家，「專家」兩字被賦予永不失敗、絕不會錯誤的期待，甚至一出手就能扭轉局面，可惜人的事情，從來不可能像數學公式一樣單純，1＋1不一定等於2，1＋1之後可能有一百種結果，與人有關的事情，永遠在變化，總是兩面評價在人間。

職場上的風暴隨時會來，跟你的績效好與不好無關。所謂「一人得道雞犬升天」，跟對人吃香喝辣，跟錯人樹倒猢猻散，即便你工作績效超好，只要不是自己人，就難有信任感。政壇上每次政黨輪替都必須總辭，也就是這個道理，老闆只想用自己人，自己的人馬即便是庸才，光是讓人「放心」跟「安心」這兩點，就可以打掛一票人才。

既然職場多風雨，你必須擁有兩顆定心丸，第一顆就是存款豐厚。有錢就有底氣，當你不用憂愁明天的三餐沒著落、帳單繳納不出來，整個人才會神清氣爽，不論你的靈魂多聖潔，唯有錢可讓你的靈魂不落入凡塵，唯有存款豐厚才能讓你不為五斗米折腰與靠天。

第二顆定心丸是多元收入，狡兔要有三窟，上班族更應如此，這幾年大環境變化大，企業自己都朝不保夕，怎有辦法讓員工安穩退休，當你的主收入沉船時，有其他收入可以支撐，你就可以跳船瀟灑離去而不是慌張到想跳樓。

我的好朋友施昇輝頂著台大的學歷，在證券公司呼風喚雨，當年他突然被資遣後，全職做股票投資，卻在二〇〇八年遭遇金融海嘯讓他慘賠，從此他在投資上只求穩，不求大富大貴，不再滿手股票，只存股0050跟0056，穩穩投資穩穩賺進被動收入，還出書成為理財暢銷書作家。他的經歷說明了有被動收入的重要，如何創造自己的被動收入，也是值得你思考的方向。

三、功高震主是常態

功高震主會讓你從紅牌變黑牌。俗話說「長江後浪推前浪，前浪死在沙灘上」。從古至今，每個風雲人物都知道自己有下台的一天，但都希望這天來得慢一點、晚一點。當屬下威脅到自己，或者老闆關愛的眼神投向更年輕的後輩時，老將內心會不是滋味，只好趁著後輩羽翼未豐時，斬草除根才能杜絕後患。

說個小故事，我在當政論節目小助理時，台內有兩個政論節目，一個節目是全國收視率冠軍，另一個是我任職的新節目，節目主持人不僅深具人氣，還跟電視台老闆親如父子，大老闆也很看好其未來發展。當時全國收視第一的政論節目不論製作團隊的規模，給來賓的來賓費，通通大手筆編列；我們則像個小媳婦，挨在公司的小角落，湊合著度日。我們的新節目開播後，收視率不斷爬升，此時，收視冠軍的一哥主持人經過我們團隊時，總也會笑嘻嘻地祝賀我們越來越受歡迎，收視率越來越厲害。

正當我們洋溢在收視率開紅盤時，有天製作人與主持人被叫去開會，會議還沒結束，一哥主持人走過來跟我說：「大米，你表現很不錯，日後就來我們這邊工作，等等先過來認識一下其他同事。」我聽不懂話中含義，半小時後我懂了，原來我們節目收視率爬升太快，一哥在感到威脅之下，跟公司提出獨占攝影棚以便隨時彩排的要求。電視台老闆答應了，我們的節目因此停播，我們的主持人即便跟老闆親如父子，也無法改變收視率決定一切的結果，他不想委屈自己選擇丟辭呈。

一哥說需要攝影棚彩排，只是藉口，他忌諱的是我們收視率攀升太快，萬一有天超越他，到時候要處理掉我們，就不容易了。趁著我們尚未站穩，輕輕一捏，弄死我們，他就可以穩坐鎮台之寶的王位，繼續呼風喚雨。

節目收播後，工作人員成了前途未卜的孤兒，大家沒節目可錄，唯一的話題就是每天咒罵一哥，「這種心狠手辣的人，改天一定有報應」、「搖擺沒有落魄久，看他能紅多久」、「我親戚會看面相，她預測一哥最多再紅兩三年」，各種命理預言與神鬼報應輪番登場，光看這點，你就知道當時我們有多閒、多無聊，以及多慌張於自己的前途未卜。

一哥沒有遭到報應，在電視圈長紅很多年，我們各自找到工作後，對一哥的怨恨也淡了，原來我們恨的不是一哥，而是怨他奪走我們的飯碗，讓我們要重新找頭路，等到大家新飯碗都有著落時，怨念也就淡了。

多年後，我再次審視這個事情，我認為一哥的做法沒有錯，他拚搏多年終於可以坐上冠軍寶座，自然不想輕易被奪走，我們看似討厭一哥說到底也不過是討厭飯碗被奪走，這些愛恨情仇說穿了也不過就是飯碗保衛戰。

你的存在能夠威脅別人時，代表你有實力，即便因功高震主遭到誅殺，也請不要哀嘆，此處不留爺，只要爺有實力，一定能在他處有一片天，功高震主不過是人性也是人生的常態，你該開心自己翅膀硬了，可以震到主了。

四、適合你的工作，往往出乎意料之外

離開媒體業時，我感到身心俱疲，扛著黃大米這個名號有利有弊，好處是有許多其他收入，壞處則是不知道哪家公司容得下有自媒體身分的我，畢竟許多老闆都不希望員工太高調或兼差，我好比是個有行無市的明星，外界一片看好，我卻不知何處可容身。

後來，在無心插柳下，應徵上大學的公關，就任後，發現這份工作非常適合現在的我，因為大學裡面人才濟濟，相比之下，我的網紅身分一點也不起眼，教授們個個學有專精，不會覺得我礙著他們的路，自然也不會眼紅我，倘若不是這樣的工作場域，一個網紅在企業內工作，一定會成為箭靶，一言一行都會被大家放大檢視。

所以，不論你在職場身處於得意或失意，有面試機會就去談談看，在面談的過程中，也許會意外發現很契合的機會，甚至對方還願意為你量身打造新職缺，不也挺好的嗎？有談有機會，每天在家就沒機會。

機會是一顆種子，你不見得要每天幫它澆水，但至少要把種子埋入土

裡，讓它有機會發芽。

生命裡面所有的安排多數是禍福相倚，每一次的遭遇，不管好與壞，都是改寫生命腳本的契機，我把自己曾經遭遇的艱難分享給你，希望讓你更有勇氣面對人生中的風風雨雨。

∶∶ 機會是一顆種子，你不見得要每天幫它澆水，
但至少要把種子埋入土裡，讓它有機會發芽。

可以霸氣說「我還在」

我最大的靠山不是別人的欣賞，而是我不甘於此的「好強」與「野心」。

他不到三十歲，資歷洋洋灑灑遍及海內外知名企業，出了一本書，教導讀者如何成為成功人士。

我們背地裡幫他取了個代號「年輕有為」。

好友跟「年輕有為」在同一個出版社同時出書，有天她傳來一則訊息，「我看到『年輕有為』的書在排行榜上節節敗退，如水銀瀉地般下滑，莫名地感到愉快，這樣的心情正常嗎？」

「安啦，你的心情超正常。我當時出書時，看到某作者寫的書銷售表現不佳時，也覺得歡欣鼓舞，普天同慶，眼看她的書從排行榜上沉下去不見，內心非常愉快。」我坦然分享在出書後的暗黑獨白，幽微的競爭關係造成看對方好戲的酸楚心態，「你的好就是我的不好」、「你的得到就是我的失去」，甚至有一種「看你過得不好，我就安心了」的快感。

我們跟這些在同一家出版社出書的作者無冤也無仇，素未謀面，為何憑空有了心結？

我們有病嗎？沒有。

我們很正常。我們只是想多拿點資源生存下來而已，當資源不夠時，想生存就得競爭。

我的好朋友是第一次出書，在沒有過去銷量當靠山下，自然很難拿到資源，受到冷落也很正常。相反的，出版社把這位「年輕有為」的作者列為重點書，因為他年紀輕輕就攀上人生高峰，擁有名校的學歷與大企業資歷，他的書大賣的機率比較高，因此，出版社還找來專業的攝影師幫他拍超帥的封面照，光是書籍封面就散發菁英人士的強大氣場。

朋友不以為然地說：「每次看到這種什麼三十歲前，年收破千萬、還當上跨國企業總經理的，出書告訴大家照著做也能成功，我內心都翻白眼，真想說聲『去死吧』，讀者想看書學？不如早點投胎到富豪之家，比較快。」

我跟朋友都有一把年紀了，在職場上打滾多年，已經深知想要「年輕有為」有多難？

我們曾經採訪過許多被媒體造神出來的「菁英」，菁英在媒體的吹捧報導下，有接不完的演講與活動邀約，出書、代言一個接一個來，幾年之後，被踢爆許多資歷都是「假的」。電影《神鬼交鋒》的情節，每天都在真實社會上演，「查證」好難，「包裝」好容易，誇大不實的履歷猶如中秋月餅禮盒，緞帶、宣紙層層堆砌，核心的月餅卻好小又過期，難以入口。

社會上這類「年輕有為」的詐騙集團，層出不窮，本來也不干我們的事，錯就錯在，朋友跟「年輕有為」在同一家出版社出書，出版社比較厚愛這位「年輕有為」，又是拍宣傳照又是舉辦簽書會，朋友什麼宣傳活動都沒有，連作者照片都得自己提供，她心中感到許多不平。

「大米，你當初也是這樣的情況嗎？你的照片是誰幫你拍的？」朋友想了解別人的情況。

「我的作者照片是自己找高中同學幫忙拍的。」我笑著回答。

「為什麼？怎麼會這樣？」她感到不解。

「菜鳥作者的待遇本來就是如此，沒什麼，也不重要。」我已經坦然了。

就如同我一開始說的，當年，我心中也有一位讓我眼紅的作者，她的存在如眼中釘，肉中刺，令我不快，如今我完全不在乎了。

「出版社重視哪位作者真的不重要，而是你要在市場裡存活下來，好好地把書賣好才是最重要的事，把書賣好就會有更多出版社重視我們。我們以前在電視台工作也會大小眼，資深主播跟菜鳥主播不僅待遇有差，連梳化妝跟租借衣服的規格都不一樣，這就是現實。」

「這世界運行的規則就是討好強者，弱者必須靠自己的骨氣存活下。現在我已經想不起當初我眼紅的作者名字了，因為她的書銷量不如預期，也就沒有下一本。重要的不是誰重視我們，而是在這樣競爭且新人輩出的商業市場上，可以永遠說一聲『我還在』。」

朋友自嘲地說：「我們過去看了一輩子的收視率報告，現在換成看書籍排行，有點好笑。」

已經出了兩本書的我，以過來人的身分對她說：「我很感謝書籍銷售排行榜，如果沒有排行榜，誰知道我很厲害？是排行榜救了我，我才能囂張。我們不愛主動挑起鬥爭，但也不怕競爭，我們過去都是電視台內的非主流產品（工作能力強卻不夠漂亮），如果不是靠著個性好強、不服輸以及很努力，後來，怎可能爬到主管的位子。」

每一個市場，每一個領域，都有排行榜，不要怕競爭，要擔心的是自己不夠出色。每個競爭與排行，都是一個翻身的機會，你看看那些金牌選手，奪牌之後不僅身價翻漲，連家門口的馬路都拓寬了，「十年寒窗無人問，一舉成名天下知」就是這個道理。

現實又競爭的世界，對我們這種窮人來說是好事，因為只要你有價值，世界就會來討好你，是翻身的大好機會。

我最大的靠山不是別人的欣賞，而是我不甘於此的「好強」與「野心」。

人從出生到死亡都是一場與自己意志力對打的戰役，唯有出發才有機會抵達不可預測的高點，任何事情站在原地空想，就只是自我內耗而已，想一千次不如勇敢做一次，倘若失敗也是在逐漸接近成功。

不論你身處在哪個產業，能打擊你的，不是他人的冷言冷語，是你的自我放棄。能讓你不斷進步的人也只有你自己，當你開始相信自己，努力地想辦法，用行動力解決困境時，敵人就不見了。當你專注在前進，怎有空理會他人。

我現在對於別人喜不喜歡我很淡然，那真的不重要，重要的是「你有利用價值」，可以讓別人需要你。「有利用價值」是你可以帶著走的能力，當你確定自己很有實力時，對於別人的喜愛不喜愛，都可以很淡然，因為多的是想巴結你的人，不差他一個。與其怨天怨地，罵別人不重視你，不如好好創造自己的「被利用價值。」

在職場上、情場上永遠都會出現可敬、可恨的對手，誰都有過「瑜亮情結」、「爭取席次」、「爭位子」的心路歷程，你的對手是誰，可以看出你的高度，文壇大咖會把我當對手嗎？不會的，因為我太弱了。

同樣的道理，我會把媒體圈的菜鳥記者當對手嗎？不會，因為他們太嫩了。

你的對手反映你身處的高度，想想自己在意的對手是誰，如果你覺得對方程度很差，需要提升的不是他，而是你自己，因為你怎會淪落到把這樣差勁的對象當對手呢？

臣服內心欲望，就會產生超能力

每個人都應該追夢，那是靈魂的亮光，但你要記得在夢想中放入一些錢的味道，才能讓你在中年時抵抗外界的質疑。

我的人生志願很實際，就是賺錢。

任何正當的行業，只要能賺很多錢，就有機會成為我的第一志願。

這一兩年接受訪問時，我總會理直氣壯地大聲說：「我不斷地奮鬥，就是為了追逐名與利。」名利是柴火，能夠為我增添動力，加油打氣。主持人聽到我的答案後，臉上浮現略吃驚的神情，很給面子地回說：「你能這麼直白，真是了不起。」

如此誠實的答案會被人討厭嗎？沒有。

有人還因為聽到這段訪問成為鐵粉，傳訊息給我：「大米，聽到你說自己就是要名跟要利，我差點從椅子上站起來鼓掌，你真是太誠實了。」

世界就是這麼有趣，當你配合社會的潛規則，你將成為乖巧且面目模糊的中間值。當你不受框架約束、走自己的路時，反倒成了新的規矩與典範，贏來他人的側目與掌聲，一切就看你敢不敢。

我不是一開始就這樣勇敢的，我也寫過比較風向正確的「我的志願」，當小學老師、當護士等等，等年紀大了一點，知道的職業又多了一些，我隱隱約約地知道我喜歡做傳播業，為什麼？因為有趣。這行的喧嘩熱鬧與新鮮，像是萬花筒般吸引著我的目光，急著張望筒子裡的下一個變化。如果有趣卻賺不到錢可以嗎？不行，我很確定百分百不行。

我的志向在念國小時，就已經染上了錢的味道。我看到報紙上報導「老三台的電視從業人員，單月領單薪，雙月領雙薪，主管年收破三百萬」，那些數字好吸引我，因為我家好窮。印象中媽媽總是在跟鄰居借菜錢，月中借，月初還；跟會、標會，四處周轉還是窮困，無限輪迴。家裡財務緊張時，爸爸會打媽媽，我小學時常在大人吵架吵得鬧哄哄時，無助地窩在棉被裡，一邊哭一邊在周記小作文上寫著「我的家庭好幸福」。

錢太重要了，有錢才有尊嚴，沒錢時父母心情都不好，沒錢就是會被瞧不起。我媽媽的工作是去富有人家幫傭賺錢，每到中秋、端午，媽媽總說著，有錢人家有很多人來送禮，禮物堆積如山，吃都吃不完。也因為吃不完，食物過期了，就轉送給我們。人窮，吃過期的禮品也被認為是應該的，這事情對我影響很深，後來我當記者時，收到滿坑滿谷的禮物後，總會把高級禮盒趁著新鮮轉送給遊民，想讓他們吃吃看這些好料。就算沒錢，他們也有資格吃好東西，我總是這麼想著。

我在大學畢業後去應徵記者，面試必考題是：「你為什麼想當記者？」為了社會的公平正義，這是很安全的標準答案，我總是這樣說著。

這不是謊話，我沒說出的另外一個答案是：「我是要來賺大錢，我想光宗耀祖，我想讓爸媽過好日子。」這樣的答案，不是公司想聽的，你的雄心壯志如何實踐是你的事情，你自己默默搞定即可，不用大聲嚷嚷，不用期待因此得到別人的肯定。

如果在年輕時，讓我知道其他行業可以賺很多錢，會不會改變志向？會啊，當然。

可惜，貧窮限制了我的想像。二十幾歲的我並不知道世界上還有哪些工作能夠單月領單薪，雙月領雙薪，電視台是我僅知的發財寶地，我怎樣都要擠進去。多年後我總算進去了，該死的是，電視台沒落了，成為夕陽產業。聽前輩說以前只要考上老三台當記者，薪水就有六、七萬，家人還會擺流水席慶祝你飛上枝頭要當鳳凰了。輝煌的時光一去不復返，前輩們吃的是滿漢全席，輪到我時只撿到一點點菜尾，偶爾還能吃到一點點龍蝦就算不錯了。

我從不掩飾自己愛錢，也更勇敢地談錢，也直接說我愛錢。邀約我演講的單位本來演講費只給幾千元，聽完我某次受訪談及心中理想的演講價碼後，主動將演講費調高。當你明確說你要什麼時，大家也更明白如何討好你，挺好的。

錢不臭，錢很好，錢可以讓你做很多想做的事情，實現你許多的願望。當你在追逐夢想與興趣時，請記得把錢放進去。等你人到中年，就會知道社會對你的尊重與肯定是錢給的。年輕時窮是應該，中年時窮就是壓力，你要早早明白這個道理，看清楚這世界的遊戲規則，才能理性做決策。

物質是令人尊敬的，物質太匱乏，人性的美就容易不見，笑容也會被生存的壓力給消磨殆盡。每個人都應該追夢，那是靈魂的亮光，但你要記得在夢想中放入一些錢的味道，才能讓你在中年時抵抗外界的質疑，有錢、有存款，就像有一張好文憑一樣，再也不用花費心思跟別人解釋你的智商，一拿出來就有底氣。

當你有錢時，不僅可以任性，再蠢的夢想看起來都像先知。相反地，當你過了一定的年紀，只有夢想而沒有銀彈時，再偉大的夢想，聽起來都很荒唐。

我們常說窮酸、窮酸，沒錢不僅看世界都很酸，也容易覺得心酸。在追逐夢想的過程中，把錢也考慮進去，才能在餵飽心靈時，讓旁人不再對你說三道四、指指點點。

當你一輩子都待在窮酸的行業，你會以為年終獎金最多就是一個月。你無法想像有人光是年終獎金就可以買房跟買車；你以為天空就是如此低矮，人人都活得捉襟見肘。不是這樣的，世界是多采多姿也很多元的，你要讓自己曾經看過大山大海，甚至認真揮霍過，才能在某天淡然地說：「這也沒什麼。」

擁有過的不稀罕才是真的不稀罕，同一個產業，有人很敢談錢，因此得到錢，有人只會拚命說，「我不敢要錢，我談了老闆可能會生氣」、「這數字不可能要到」，只要你這麼想，你就永遠得不到想要的。

別人怎樣說怎麼想都不重要，你就是你啊，不去試試看、要要看，就先說自己拿不到，豈不自滅威風，看輕自己。每個行業都有人賺得到錢，我希望那個人是你。

賺錢是我的志願我的欲望，我拚盡全力也毫不羞愧地爭取自己想要的。你的欲望或志願也許並不在此，不管你的志向為何，就朝自己的目標努力去追求，但記得要兼顧賺錢這事，金錢雖然不是萬能，沒有錢萬萬不能，你可以追求興趣和理想，前提是要養得活自己。

∷ 世界是多采多姿也很多元的，

你要讓自己曾經看過大山大海，甚至認真揮霍過，

才能在某天淡然地說：「這也沒什麼。」

強人的時間就是中央標準時間

只要你夠有影響力，夠強大，多數的遊戲規則都可以由你來決定。

在電影、電視劇中，常常看到大牌藝人因為遲到，被導演破口大罵甚至低頭道歉的橋段。這多數是戲劇效果，在真實的錄影現場，往往不是這樣。來賓遲到是常有的事情，可能塞車、通告排太滿或者其他的事情，導致姍姍來遲。有時節目都開錄了，某位來賓還在路上，這時候大家會先錄影，一起裝沒事，把節目進行下去，中途要是他來了，主持人再補介紹，後製剪接一番，電視機前的觀眾完全不會察覺有人遲到了。

會有人去罵這個來賓不準時嗎？我沒看過。

在等待錄影的時候，來賓們會自己找事情做，默默滑手機，狂聊天哈拉，一切寧靜祥和，在場的來賓跟工作人員都像是修養超好的得道高僧，不會發脾氣似的，因為大家只想快點開錄，早點收工回家。

遲到的理由一點都不重要，把節目錄完才是最重要的，罵誰都無法改變來賓遲到的事實，於事無補。

某次，大牌來賓遲到很嚴重，我對旁邊的資深前輩打趣說：「大牌的時間就是中央標準時間，你看瑪丹娜在台灣的演唱會多晚才開始，大家還不是乖乖照等。」

前輩怒目回我：「為什麼這樣說？誰教你的？怎麼學壞了！」她頓了一下接著說：「不過你是對的。」

過了一會，遲到的大牌終於慌張地抵達，導播喊著：五四三二一，立刻開錄。大家也不想聽遲到的理由，什麼理由都不重要，快點收工最重要。

遲到的大牌日後會不會受到懲罰？不一定，只要他夠紅，大家都會忍耐。同樣的事情，如果發生在菜鳥身上，可就死定了！因為你的價值還沒被看見，但你耽誤工作的事實已經發生，沒有功可以抵過，就會被狠狠記上一筆。

遲到的人會被當場難堪指責嗎？不會。成人世界裡，很多懲罰都是很寧靜的，這也是最可怕之處，大家不會多說什麼，但就是沒有下次機會了。

職場上，老鳥以及大牌態度好，叫做敬業；菜鳥態度好，叫做應該。只要你夠有影響力，夠強大，多數的遊戲規則都可以由你來決定。

在電視台的新聞部，每天有兩次截稿時間，一次是中午十二點，一次是晚上六點，因此多數的記者會為了配合記者的作業時間，在中午十一點以及下午四點之前舉行。倘若記者會舉行時間在中午十一點半或者下午五點半這樣尷尬的時間點，除非是重大新聞，不然一律捨棄當沒這件事，甚至還會被我們奚落：「搞什麼飛機，這種時間開記者會，是希望大家都不要去嗎？」

俗話說有規則就有特例，如果是火線人物、重量級的董事長突然臨時召開記者會，就算是半夜三點，我們也會立刻派記者過去，毫無怨言，甚至出動SNG，因為這條新聞很有價值。世間事就是如此，當你很有價值時，大家都會給你方便，看你的臉色，把你的時間當時間，把你的感覺當感覺。

替強者開特例的事情，連拿文憑這件看似相對公平的事情，其實也並非公平。

我一直以為好好念書才能換取好學歷，等我出社會多年後，才知道當你很強的時候，連書都不用念，就會有一堆人搶著給你文憑。

某一年，權傾一時，政治立場深綠的總統開設了一間學校，作為培訓政治人才的搖籃。當時許多政治人物以及企業家，搶著去念這所學校，畢竟主事的老闆是喊水會結凍的當權政治人物，書有沒有念好不重要，交朋友攀關係才是正經事。

我當時的主管政治立場偏藍也跑去當學生，日理萬機的他，連同學間的交際應酬都親自到場，作業則全部交給屬下寫。他來交代作業時還笑笑地說：「我的同學們個個都是大老闆、董事長，人人都有書僮，還會互問彼此書僮的學經歷，大家的書僮都好厲害喔！我這份作業星期五要交，記得星期四之前要幫我寫好喔。」

當時因為我學歷比較低，連當書僮的資格都沒有，真是太開心了。

後來，我聽到一個更有趣的故事，朋友的老闆女友正在念研究所，身為高階主管的他得幫忙老闆女友寫論文，老闆女友順利畢業後，高階主管也升官了。可說是一人畢業，書僮跟著升天，這位老闆真是有情有義的典範啊。

總之，有本事的人連念書這事情，都跟沒本事的人不一樣。靠好好念書洗學歷的人都不夠高級，更高階的有錢人，是不用寫論文，只要捐的錢夠多，學校直接頒發榮譽博士。

窮人與沒本事的人，才會乖乖照規矩來。社會走跳的遊戲規則，向來因人而異。

如果你覺得這世界上，很多人會給你臉色看，不要怪別人，要怪自己太弱了，別人才會連對你不爽都不隱藏。

一個人講話再直接，脾氣再差，看到總統也會變得彬彬有禮。世界上沒有忍

∴ 只要你夠有影響力，夠強大，

多數的遊戲規則都可以由你來決定。

不下來的脾氣，多數真實的情況是，他覺得你不值得他忍住脾氣。

當你弱的時候，你會常感受到人心險惡，人人都想踩你一腳。當你強大了，大家忙著討好你，你會覺得世界上的好人變多了。你可能覺得這些人太現實，這樣的人很討厭，如果你想改變處境的話，請努力把自己變強大，因為這個社會的運作規則是由強人制定的，強人的時間就是中央標準時間。

不改變你就輸了

志向是可以轉換的，眼界、格局、視野才是你人生中不可拋下的重點。

住家附近的超商店員阿志，是夜班打工的大學生，他跟我念同一所大學，所以我總是喊他一聲學弟。買東西聊天時我會順便聽聽他的人生規劃。

阿志曾說過想走媒體業，我跟他在路邊長談過這行的酸甜苦辣，希望我的分享成為他踏上這行之前的探照燈，指引他方向。

有天，我問他：「你快畢業了？需要我幫忙介紹工作、送履歷嗎？」

「學姊，我不想去媒體業了。」

「不要了嗎？那也滿好的。」

「滿好的？為什麼這麼說，志向不是要堅持到底才對嗎？」阿志對我的回答感到不解。

「我不覺得。」

志向一定要堅持到底嗎？不一定。

人心是浮動的，那些內心曾經渴望的事物，在時空環境轉變下，變得不重要、不想要了。你遠看是朵花，走近一看只剩下蒼涼，也就改道而行了。就好像童年時最喜歡的食物，在長大後嘗遍各種山珍海味，對它已不再執著。

回頭檢視過往人生，你會驚駭地發現，我們每天都在改變，每個微小的變動如同日照，緩慢進行，旭日變成夕陽，一切都不同了。

人生唯一不變的事情就是「變」，那些在你心中看似不變的事情，也跟昨日有些不同，今天的「不變」跟昨日的「不變」是不同的。

人在立定志向時，往往都是不知全貌的「瞎子摸象」，看似理智的決策，多數來說都是天真與莽撞，日後調整方向是非常自然的事情，不要對此感到愧疚，愧疚是內耗自己的能量，對事情沒有任何正面的幫助。當你對於自己的改變感到不安時，很容易被別人的評斷擊倒，旁人隨口說一句你的不是，你就崩潰到不行，甚至不支倒地。

人是善變的動物，不僅志向會變，對物質的偏好也會改變。

以買房子來說，我在二十九歲時，買下第一間房子。一開始的想法是，只要不用看房東臉色，能跟我的狗兒子阿毛安心地住在一起就好。我看了兩間房子就下訂，因為不知買房的水深水淺，也就無所畏懼，加上沒多少存款，能做的選擇並不多，如此果斷是因為太無知與太窮。交屋時我滿心歡喜，欣喜程度絕不亞於買下信義區的豪宅，因為總算圓了跟狗兒子住在一起的夢了。

十幾年過去，隨著收入增加，東西越買越多，我對這間小房子越來越不滿意，我開始想要一間更大的房子。

是我變了嗎？沒錯。

從前，我對於房子的期待是有得住就好，如今，進階到必須是三房兩廳含車位，連窗外的景觀都很在乎。

那些過去覺得不可思議的高規格要求，如今都是我在意的細節。隨著收入轉好，我有能力讓人生升等，對於房子的想法，判斷物件的好壞，隨著年紀增長而有不同，由此可知，人心本來就是變幻莫測的。

在年輕時就奉行「知足常樂」不見得是好事，年少時是擴充、學習的階段，需求創造了欲望的缺口，當欲望被填滿，缺口補起來，下一個欲望就又來了，人生是一場欲求不滿的過程，也因此才會讓人有不斷前進與努力的動力。

我在電視台新聞部工作時，不論記者、主管、主播都很辛苦，工時長、壓力大，薪水普通。支撐的動力，來自對前途的期待，以及因工作接觸到新鮮人事物的精神收穫。記者的身分，讓即便只是大學剛畢業的社會新鮮人，都能跟總統、市長、立委、企業家、科技巨擘對話，跟社會菁英人士接觸，猶如請名師當家教，兩三年下來，抗壓性與想法都會大躍進。有人日後轉業進軍政壇；有人換跑道去當企業公關；有人自立門戶當活動主持人。這些人都曾經信誓旦旦地想著，一輩子只想當記者，等到有天，他站在更高的地方，看到雲端上有更棒、更閃耀的職業，自然會改變志向。

志向是可以轉換的，眼界、格局、視野才是你人生中不可拋下的重點，當你的眼界開了、視野寬廣了，格局和想法都會大不同。

你的眼界可以牽動你未來的藍圖，小門小戶人家出身的小孩，覺得有穩定的收入來源就是有前途，失業就覺得頓失所依。這樣的價值觀，在富二代眼中，卻是不以為然。他們覺得「上班」能賺什麼錢？在家裡提供的豐沛資源庇蔭下，他們和其他年輕的富二代聚在一起，討論的話題是要合資拿下哪個國際品牌的代理權。創業是他們的日常，一如我們日復一日地打卡上班。

我們在公司做得不如意時，不一定能換下一家公司，但富二代在A產業創業失敗，仍然能夠繼續拿錢出來投資B產業，一直投資、一直創業，直到創業成功為止，創業的毅力來自背後雄厚的金援。

窮人的創業可不是這樣，窮人的創業是賭上所有身家財產，梭哈一次就沒了，有錢人創業不只資金有父母挹注，甚至連訂單都可以靠人脈搞定。創業成功的富二代有比一般人聰明嗎？不一定。比較確定的是，他們站在富爸爸的巨人肩膀上，看到的世界比較遼闊，一開始設定的目標也就不同。

如果你在先天條件上不如人，就要用投資自己來扳回一城，找份可以提升自己能力的工作，當你翅膀硬了，來到新的檔次時，志向也會跟著改變。此時，如果固守著初心不變，才是傻，猶如穿著過時的裹腳布一般，不知變通。

你的志向最終都會經歷轉換、修正，不要害怕改變，也不要擔心別人質疑你的善變，擁抱改變，就能翻轉你的人生。

理想是用來堅持，也是用來拋棄的。我們都曾經設定過一些目標或者期待，等到接近時，發覺不是那麼回事，就會捨棄，我們要不斷背離過去的自己，才能長出新的自己。

:: 你的志向最終都會經歷轉換、修正，
不要害怕改變，也不要擔心別人質疑你的善變，
擁抱改變，就能翻轉你的人生。

期待被愛不如先愛己

當你自己是一塊「錦」時，
誰愛不愛你都不重要，
都只是錦上添花的點綴而已。

我很在乎我爸爸，我對他的感情非常複雜，將它簡化成四個字「重男輕女」，相信你就秒懂了。

人會感覺自己不被偏愛，總得有憑有據，多數不被愛的感覺，來自於沒拿到想要的資源。小學三年級，是我記憶中第一次覺得自己被虧待了，也不能說是虧待，而是我跟哥哥們不一樣，他們可以輕鬆擁有的，我就算開口要，也要不到。

小學的班導師開了補習班，標榜自由參加。揣測上意是動物的天性，同學紛紛報名上課，上繳的補習費不僅可以學到知識，也等於買了一份保險，老師會保佑你求學路上順順利利。

我從小就是個鬼靈精，為了討老師歡心，回家後鼓起勇氣跟爸爸要補習費。我家日子過得不寬裕，「不寬裕」這三個字還是打腫臉充面子的形容詞，精確的說法是捉襟見肘。

小學一年級入學前，爸爸帶我去夜市買制服，挑了很大件的卡其色長袖制服，「你把過長的袖子捲起來多折幾次，這件衣服就可以穿到三年級都不用再買。」爸爸吐出「都不用再買」這五個字時，臉上閃著嘉許自己懂得精打細算的笑容，那一幕讓我印象好深刻。

穿超大件的國小制服我不以為意，倒是內心清楚地知道，這件制服我要省著穿，最少要穿三年。恰巧，我長不高，制服真的穿到國小三年級，CP值超高。

回到補習費這件事，哥哥們當時已經是國中生，國英數理化補習補得昏天暗地，我只是想補一個科目，應該……可以吧。

「你戈細漢，免補習啦！」第一時間就被爸爸拒絕了。哥哥可以補習，為什麼我不行？

不補習我在班上就矮同學一截，如何討老師歡心呢？

我想起童年時，哥哥們常戲弄地說：「大米，你是撿來的，你的親生爸媽是隔壁村莊賣魚的，你快點回去。」沒拿到補習費，讓我對自己的身世開始懷疑，這份懷疑讓我看到卡通「小甜甜」主角從小生在孤兒院的故事情節就備感親切。

隨著台灣經濟起飛，家境改善了一點點，我們從全家擠在一間小雅房，到買了第一間房子，此時，我爸肩上的擔子還是很沉重。在國小快畢業時，我跟他爆發了最大的一次衝突，這事情讓我對他的怨念好深好深。

在我小學六年級時，同學們在討論要不要跨區就讀明星國中時，我爸決定不讓我升學念國中。

「你國小畢業，就不要再念了，去加工區的電子工廠工作。」爸爸的決定，讓我非常震驚也非常憤怒。

我對著威嚴的爸爸大吼：「你就是不愛我啦，你最疼男生，他們都可以念國中，為什麼我不行，你偏心啦，我不是你親生嗎？」我嘶聲怒吼，向來寡言的爸爸也跟著大聲，我忘了他罵我什麼，只記得場面好混亂，我媽媽怕我被爸爸打，用力攔著爸爸。

我衝出家門，一路哭著在街上亂走，無法止住淚水也無法收拾心碎，爸爸真的太偏心了！

我不知道能去哪？身上也沒錢，邊走邊哭，天黑後又走回住家附近，躲進一間大樓的樓梯間。我如流浪貓狗一般，躲在樓梯間閒置彈簧床墊後面過了一夜，隔天依舊無處可去，只好回家。

這一晚，我不知道我爸媽怎樣度過，我只知道，住在鄉下的親戚跟鄰居紛紛打電話來規勸我爸讓我念書。我順利地升學了，這件事情成為我心裡深不見底的黑洞，每次提起都會哭。那是一個不被愛的證明，一個被捨棄的烙印。

爸爸的重男輕女，讓我了解到此生只能靠自己，回頭無路、也無靠山，只能拚命往前跑。

我的個性好強，不服輸，積極爭取機會，這些特質是不被偏愛賜給我的禮物。

長大後，發生了「買房事件」也造成我很大的陰影。我爸偏愛大哥，全家住的房子，不用明說將來就是大哥的，爸爸也幫二哥出頭期款買房，我以為當我買房時，碰到手續費不夠幾萬塊時，也可以找爸爸幫忙，結果他一毛錢都不肯借我，「女生買什麼房子，你還是小孩子不懂事，買什麼房子。」

爸爸的一句話就讓我沉默了，也再度撕開了不被愛的舊傷口。後來，我靠著跟高中和大學同學借錢，五千、一萬地把買房的手續費補齊。

我怨過爸爸嗎？

當然。

即便發生這麼多讓我不舒服的事情，我還是很愛我爸，因為我知道他要養大三個小孩有多不容易。他拚命加班、輪夜班只為了想多賺點錢，假日去工地當工人扛磚頭打零工、去大樓洗水塔，勤儉度日，連在外面吃碗陽春麵都捨不得。

我們家三個孩子都知道他的不容易，因此每次開口跟他要學雜費，內心都充滿罪惡感與壓力，我們是他的孩子，也是他的負擔。

我對我爸的感情很複雜，愛恨交織，盤根錯節。所有在重男輕女環境下長大的孩子，都應該會有這樣的心情，又愛又怨又恨，相愛也相殺。

我對哥哥們也有著複雜的比較心理。我想證明給爸爸看，我是最優秀的孩子，你應該要最疼我才對啊。在我當上記者後，逢年過節收到的禮盒，我都會寄回去家裡，這些禮盒是對家人的照顧，也是想證明自己有多能幹、多優秀！寄回去的禮盒裡藏著我對父母的愛、對父母的不滿與責備。我這種「戰利品展現，宣揚己威」的行為，常讓我從台北返鄉時，跟家裡屢屢產生口角。我工作發展好後，講話也跟著大聲起來，對於過去年幼時遭受的虧待，總是一提再提。到底我是想要父母的內疚道歉，還是期待他們說出三個孩子中最以我為傲？兩種都有吧。

面對我的指責，我爸總是沉默。媽媽則會在一旁說著：「你就是偏心，難怪被她怨。」

父母重男輕女與不被愛的內心傷痕猶如刺青，不用刻意去審視，也能感受它的存在，在我活著的每一秒都心知肚明。

每個孩子都希望得到父母的肯定，而我即使當上新聞部主管，也還是得不到肯定。我爸媽覺得，「萬般職業皆下品，唯有公務員最好也最高」，他們為了養小孩對人卑微了一輩子，只祈求孩子長大有飯吃，安穩平順不求人就好。哥哥們都聽話地選了鐵飯碗的工作，我只想走自己深愛的媒體路，期待父母認同，猶如緣木求魚。即便把再多的年節禮盒寄回去，父母依舊憂心我的老後生活。

我渴求得到爸爸的肯定，隨著時間過去終究不可得，慢慢地也就放棄了。重男輕女的冬夜太長了，我以為春天再也不會來，卻沒想到無心插柳地迎來了柳暗花明。

在第一本書即將出版時，我打電話告知家人，媽媽很開心地說：「出書很難，你爸爸說很多人都做不到，你能出書真厲害！」媽媽在電話那頭繼續說著，我眼淚從臉上滑落。

「你真厲害」這四個字，解鎖了我一輩子的叛逆。

「你真厲害」四個字，像是一個桂冠，嘉勉了我此生所有的努力，讓我淚如雨下。

「你真厲害」這四個字來得好晚，但至少來了。我覺得自己逞強了一輩子的肩膀，突然重量減輕了，如釋重負。

真沒想到，居然是因為出書，讓我人生的怨念解鎖，很多事情真是想不到，也料不到。

許多孩子和我一樣，終其一生要的也僅是父母的一句肯定。一句話的重量很輕，但因為是摯愛的父母所說，孩子聽進心裡，每個字都很重，也影響很深。

人生是一趟前進之旅，也是一趟回望的療傷之旅。我以為跟父親的心結能解開到這樣的程度已經是功德圓滿，如燒化肉身取得舍利子一般的得之不易，可遇不可求，我卻不知道，後來還可以有更好的發展。

隨著出書、上通告、接演講、業配開團之後，我的收入增加了。我活出超越自我期待的樣子，我很滿意這樣的自己。如果我現在看到二十幾歲那個正在努力的自己，我會跟她說：「大米，你的努力後來都值得了，你有一天會不再提起往事就哭泣，你已經可以肯定你自己了。」

當我能肯定自己時，不僅肩膀上的重量減輕，心上也再沒恨與怨。那些糾纏我大半輩子的情緒，如一道輕煙，消散於無形。如今，回望「重男輕女」的創痛，我有了新的視角。

一、爸爸也只是被傳統文化綑綁

我爸生長在嘉義的小漁村，村子裡重男輕女是主流價值觀，女生國小畢業後就去加工區當女工是常態。爸爸生長在這樣的環境，很難超越傳統文化的綑綁，就他的角度來看，不讓我升學不是虧待我，過去漁村的小女生幾乎都只念到國小。爸爸成長的年代，社會認定女生不用念太多書，甚至家中長姊賺錢讓弟弟升學念書是本分，好女兒的角色裡面有太多犧牲與委屈。

很多父母根本不覺得重男輕女有什麼不對，因為在他們生長的年代，台灣的文化就是如此。

不要小看文化的力量，我們也很難逃脫，例如，我們的文化讓我們覺得，找對象時，男生年紀最好要比女生大、男生要賺得比較多，如果女生嫁人後必須扛起經濟重擔養全家，女生多數是不願意嫁的，為什麼男生就必須養家呢？我們也受文化觀念綑綁而不自知，我們的爸媽也是。

電影《我十歲，離過婚》對我影響很大，這部片子讓我改以從「傳統文化對人的影響」的角度去審視重男輕女。電影女主角諾珠．阿里生在葉門，爸爸從小很疼愛她，但十歲時，爸爸將她嫁給年近四十歲的男人！

∷ 人生是一趟前進之旅，

也是一趟回望的療傷之旅。

諾珠．阿里在驚恐中行房，活在被先生痛揍、被虐待的悲慘世界，她憤而逃離夫家，經歷千辛萬苦，前往法院提出離婚請求，這個真人真事轟動了全世界。從小疼愛諾珠的爸爸，認為女兒上法院訴請離婚不是保護自己而是讓家族蒙羞了。諾珠的爸爸不懂自己到底做錯什麼，他只是按照社會習俗走，哪裡錯了？

這部電影是我同理爸爸的開始，我爸跟諾珠的爸爸一樣，在他傳統的價值觀中，他已經扮演好一個爸爸的角色。只是時代變化太快，他跟不上；他的女兒太有想法，他管不住。想來我應該也是爸爸生命中很大的難關與考題吧。

二、我凝視痛苦的深淵，遺忘甜蜜時光

我總是不斷地對別人訴說爸爸不讓我升學、不讓我補習的心結，卻忽視爸爸在我家經濟好轉後，供我念學費很貴的私立大學，從台北返回高雄都搭飛機，這些優渥的生活條件也是他給的。由此證明，我爸不是不想給女兒過好日子，只是早些年他供不起，在能力有限下，他選擇把資源給了比較會念書的兒子而不是女兒。

沉默寡言的爸爸，也曾讓我感受過深刻的父愛。

那年，有隻鯨魚擱淺在旗津外海，新聞報導著「罕見大鯨魚擱淺死亡，吸引民眾搶參觀」。爸爸騎著偉士牌摩托車，載著年幼的我前往看熱鬧。抵達後，爸爸對我說：「你自己進去看就好。」我狐疑他為何不一起進來看，等我參觀走出來，看到入口處簡陋的紙牌寫著「入內參觀鯨魚，大人三十，小孩十元」，我就懂了。爸爸捨不得花三十元進去看鯨魚，但他捨得花錢讓我進去參觀。

回程的路上，他騎著常常故障卻捨不得換的偉士牌摩托車，載著一輩子怨恨他重男輕女的女兒。

三、世上沒有任何「得到」是應該的，即便親如父母

爸爸幫大哥準備房子，給二哥購屋頭期款，在我買房時，連一塊錢都不肯借我，這事情成為我心上另一個難以化解的結。

有時候，解開一個心結，只要一念：「為什麼我能決定自己的錢怎樣花用，父母卻不能決定自己的錢要給誰呢？」爸爸的錢是爸爸辛苦賺的，他要給誰，甚至要丟到水溝裡面聽到撲通一聲，都是他的自由與權利。

他生下我，把我養大，讓我受教育，已經很夠意思了。我再多要什麼，都是貪求與自私。

錢是爸爸賺的，他有資格不給我。

四、父母難為，所有孩子都想被偏愛

如果爸媽給我跟哥哥一樣的對待，我就會開心嗎？捫心自問，不會。因為哥哥們雖然得到比較多資源卻也被父母控制得更深，在做職業選擇時都必須乖乖聽話，比起乖乖聽從父母的期待，我更想活出自己想要的人生。

後來我才察覺到，每個孩子都想得到父母最多的偏愛，而不是公平對待，只要家中有兩個小孩，手足之間的競爭就一定會存在。

將心比心，如果我當父母能做到公平對待每個小孩嗎？不可能。我連對自己所養的貓狗都會偏心，更何況是對人，要做到公平不容易，要心上公平更難。

五、不被愛是禮物，可以逼出一個人超強的潛力

人這種動物，只要有了靠山，就懈怠了。孟子說：「獨孤臣孽子，其操

心也危，其慮患也深，故達。」這話確實有道理，沒有靠山才是最好的靠山，當你體悟到只能靠自己時，就會拚盡全力，而世界上唯一不會背棄你的人就是你自己。

我從小就知道，在重男輕女下，未來分家產時，爸爸的財產跟我無關，家裡養大我就很好了，其他我都只能靠自己。因此當我在職場上遭到挫折失敗時，我只能自己想辦法挺住，靠自己的意志堅持下去，也因此磨練出超強的抗壓性與解決問題的能力。

不被愛是個禮物，這個禮物需要靠「努力」的鑰匙去打開，打開後是個聚寶盆，讓我受用一輩子。

六、從怨懟到同理，從期待被肯定到自我肯定

父母偏愛誰是沒有理由的，被偏愛的孩子就算什麼都不做，父母還是覺得他最孝順，他只要好好活著、好好呼吸就已經做到一百分。

不被父母寵愛的孩子，往往會想做更多，證明自己值得被愛。但老實說，基本上你無法改變什麼，你做越多，到最後會發現，自己還是最不被愛的那一個孩子，你會更受傷。

有時候愛跟不愛不是你做了什麼，只是你跟父母的緣分比較淺。

所有的逆境都是為了成就獨立與堅強，因此你要感謝自己的不被寵愛，唯有無依無靠，才會自立自強。不受寵愛很好，這樣才能振翅高飛，無所牽掛。

關於偏愛這事情，要看開也要看淡，人生是自己的，別人不愛你沒關係，你要愛自己。

當你自己是一塊「錦」時，別人愛不愛你都不重要，都只是錦上添花的點綴而已。

感謝酸民

面對突如其來的惡意攻擊，
只要能挺過去，
你就來到一個人生新高點。

我會持續寫作，跟網友的攻擊有很大關係。是網友的攻擊造就了我的寫作之路，攻擊有多猛烈，推動我上進的力道就有多大，由此可以想見，發生事情的當下，我有多痛苦。

寫作從來不在我的生涯規劃中，一開始只是在臉書上寫了篇文章，網站編輯詢問我是否可以授權刊登，於是我開了黃大米粉絲團。文章刊登後頗受歡迎，點閱率不錯，編輯喜孜孜地又來邀稿，我也開開心心地說好。第二篇稿子，我寫了關於讓我印象最深刻的離職單。這張離職單的主人令人激賞的職涯發展是個很勵志的故事，文章一開頭是這樣寫的：

當電視台主管多年，簽過上百張離職單，屬下離職理由，往往不悲不喜地寫著「另有生涯規劃」、「家裡需要幫忙」、「健康因素」、「進修」，簽完不僅我忘了，連當事人恐怕也不記得，唯有一張離職單，讓我印象深刻，上面的離職理由是「不堪台北物價飛漲」。

這位很有想法的年輕女生離職去花蓮當記者，兩年後太上手的工作讓她生膩，再度離職，轉去人生地不熟的北京當記者，不到三十歲薪水超過十二萬。

不到三十歲，收入超過十二萬！多傳奇、多勵志，我寫這篇文章，只是想記錄下曾經有一個很勇敢的年輕人，活蹦亂跳地四處去闖，薪水從不到三萬，兩年多後變成十二萬。

我單純想分享這份讚嘆，連一塊錢稿費都沒有拿到，為了謹慎還再次採訪主角，才寫下了這個故事。文章刊登在各大網站後，成為點閱率第一的熱門文章，不論在商周、今周刊、風傳媒等等各大網站都是第一名，太有成就感、太虛榮了！各網站編輯紛紛來道恭喜，粉絲數瞬間暴增。你聽過一個成語「樂極生悲」嗎？沒錯，在我喜孜孜地沉浸在文章受歡迎的喜悅時，也因此迎來人生最痛苦的一次網友攻擊事件，衰死了。

網友質疑我說謊，怎麼可能薪水這麼高，更有一堆記者同業跑來粉絲團罵我亂寫，「你寫這種造假文章，不要臉」、「你寫的人我也認識，你為什麼要說謊」、「不要用高薪數字騙瀏覽率」、「你是不是不敢見人」、「我知道你在哪裡上班，你們公司怎麼會用這樣的主管」、「我是人資，不可能給這樣的薪水，你在騙人」……

我一開始還認真跟攻擊者解釋，沒想到我越回應，攻擊越猛烈、嘲笑得更酸。隔天我接到媒體朋友關切的電話，告知我這篇文章在跑兩岸的記者圈中引起多大的震撼。同業記者們不僅留言酸我造假不饒過我，也攻擊文章裡的當事人。攻擊我最兇的不是陌生的網友，而是記者圈的同業，我被罵了三天三夜到三更半夜，謾罵不停歇。

我從一開始的不想跟網友筆戰，最後氣到深夜走出家門買啤酒喝下去壯膽，開始在網路上跟網友對罵。事後想想，真是何苦又何必，當有人惡意想傷害你時，你的道歉跟辯解都是沒有用的，他們只希望你去死，此時你連呼吸都是錯的。

我當時很生氣，生氣之餘產生出莫大的力量跟骨氣，決定繼續寫下去，因此才有了後來許許多多的文章，以及出書。真的很感謝我自己的努力以及那些罵我的人，讓我現在過得這麼好；沒有他們的激勵，以我個性這樣疏懶，一定早就不寫了。人生禍福難料，誰都可能傷害你，最重要的不是凝視那些傷害，而是要堅強地往前走出新的康莊大道。

喔，後來我才知道，跑兩岸的記者不希望這篇文章曝光的原因非常有趣：「我老婆不知道我賺這麼多，黃大米這樣一寫，我的老婆就知道了。」「我們兩岸的記者收入比其他組的記者高，以前大家還是背後暗地討論，這篇文章曝光後，大家會覺得我們日子過太爽。」

我從這事情了解到，很多時候別人討厭你，不是因為你做錯了什麼，而是他有問題、他內心有鬼。

在我還沒有成為黃大米時，也曾經遭遇過很慘烈的網友攻擊。在陳述這事情始末之前，我先承認這事情我們有錯，但在錯誤發生後，對方的彌補要求，已經超越當時我職務能處理的範圍了。

讓我帶你來了解這個事情的經過：

那是一篇網路上流傳度很高的文章，文筆詼諧，觀點有趣，文章上的圖片更具有畫龍點睛的效果。我請記者把文章做成新聞，該篇文章流傳很廣，我們不知道原出處在哪，只寫上引用自網路。新聞播出後，撰寫該篇文章的網紅作者非常生氣，率領粉絲出征，攻擊電視台網站，留言又酸又難聽。

我不斷私訊這位網紅，向她道歉與說明，懇請對方原諒。網紅要求電視台在官方網站上道歉，這樣的道歉規格，不是我的職權所能決定與給予的，我再次寫信詢問她，有沒有其他方式可以讓她息怒，也找了很多人去向她求情。她不為所動，還把我跟她往來的信件與訊息公布在網路上，跟粉絲一起嘲笑我，「電視台主管還錯字連篇」、「電視台記者跟主管果然無腦，真丟臉」、「沒念過書才當記者」、「記者就是妓者，不意外」，我非常錯愕她公開彼此往來的訊息內容，讓網友公審我，但也無可奈何。

事情發生後，我的 msn 上不斷傳來網路上各種關於這件事情的討論文章，媒體同業紛紛來問，「大米，網紅罵的是你嗎？」這些關心，讓我備感壓力。

我跟網紅繼續解釋跟道歉，她不為所動堅持電視台必須在官網上道歉、發公文和函文致歉、製作道歉新聞、主播在電視上代表電視台公開道歉等等。我的公司當然不願意，事情就這樣僵持著，而網路上還不斷蔓延、討論著。

幾天後的深夜，某報的主管打電話給我：「大米，大家是朋友，你跟網紅不愉快的事，明天會見報，我先跟你說一下讓你有心理準備。」

「喔，上報了啊！好啊，鬧最大也就這樣了，我要去睡覺了。」我焦慮了好多天的心情突然放輕鬆了，最壞的情況就是這樣，我還能怎樣呢，不能怎樣時，也就解脫了。

∴ 人生禍福難料，誰都可能傷害你，
最重要的不是凝視那些傷害，
而是要堅強地往前走出新的康莊大道。

最差的情況已經出現，無所謂了，那晚我終於可以安心入睡，隔天繼續接受大家在看了報導後的詢問。面對他們的關心，我笑笑說：「對啊，是我，就是我，是我這個大衰人沒錯。」

同事走過來拍拍我的肩膀說：「進廚房就不能怕髒跟怕熱，不是嗎？」是啊，我們做錯在先，對方願意原諒是運氣好，不原諒我也只能承受。

這事情給我的體悟是，任何事情最後都會解決；不能解決的，時間也會把事情解決。面對任何意料之外的事情，你只要安頓好自己的心，就萬事太平。

經歷兩次網友排山倒海的攻擊，對我的抗壓性幫助很大，當你挺過很強的風浪後，之後碰到類似的情況都只是小兒科。因為我已經有了「酸民抗體」、「酸言酸語解藥」。這些鳥事讓我磨練出很強的抗壓性，變得處變不驚，以及越來越懂如何面對網路上的風浪，我真心覺得挺好的。

我也學習到，很多時候不論你多拚命地解釋與示好，當對方什麼都不想聽，一心只想要把你送上公審台上斬首時，你就也不用浪費力氣說什麼了。

我們引用網路文章沒有寫清楚出處確實有錯，這點不能否認。目前該名網紅還是在網路上活跳跳，慶幸的是我也活蹦亂跳喔，打不倒你的，終將讓你變強大。

如果你正因被同事攻擊傷害覺得難過，我想跟你說，不要傷心，任何攻擊只要不理會、不在乎、不回應，就不會傷害到你。把握這三不原則，你的人生就會很順利。活在人世間，被誤解是常態，也因此被理解才顯得珍貴。

網友的攻擊多數來說都是不理性的，請不要當真，曾經有網友留言罵我：「黃大米，你就是很缺德，所以才需要捐錢做善事，買贖罪券。」我看著這則超瞎的留言哈哈大笑，我很開心自己有能力買贖罪券，洗去一身罪孽，造福更多辛苦人，挺好的

曾經還有網友罵我說：「黃大米，你身為一個母親，這樣的言行怎麼教育孩子？」這個留言讓我大笑很久，我就剛好不是一個母親啊，這位網友是否是把我跟作家大A搞混，「我是大米不是大A喔，別跑錯棚了。」

對於我這樣好強又認真的人來說，推動我前進的最大動力，從來不是讚美跟祝福，而是突然來的打擊與瞧不起，那會讓我想要做給別人看，證明自己可以。

每個人一定都曾經碰過不舒服的批評與感覺，如果你只會跟別人訴苦，那打擊你的人就得逞了，因為你的沮喪表情，正是他要看到的。如果你可以因此更積極向上，即便現在失去舞台跟掌聲，相信未來會有更亮的光打在你身上。套句吳宗憲的話，當你是個咖時，不論走到哪，都是舞台的中間，是你決定了舞台中間在哪，是你擦亮了舞台，而不再是被舞台決定的小咖。

前進的路上一定會有絆腳石，你只要勇敢往前走，努力去拿、去爭取，就有機會得到。面對突如其來的惡意攻擊，只要能挺過去，你就來到一個人生新高點，只要站得夠高，你就看不到山腳下的那些紛爭。

如果你擁有一雙翅膀，勇敢去飛，你就是一隻能飛翔的鳥；相反的，當你有一雙翅膀，卻只想在安全的陸地上走來走去，你就會變成一隻雞。

人生路上期許自己飛高一點、爬高一點，風景也會好一點。

:: 人生路上期許自己飛高一點、 爬高一點，
風景也會好一點。

無路可退時，活下來才是最重要的事

想要突飛猛進讓人刮目相看，你需要失速圈，擁抱每個危機就能迎來轉機，開創下一個契機。

在這家民營廣播電台，許多主持人都說著一口京片子，隨時可以跟海內外廣大的華人同胞做政令宣導。

阿玲靠著八竿子才打著的薄弱關係卡進主持人的位子，無奈因為一口ㄗㄔㄕㄖ不分的台灣國語，讓她始終無法上場主持節目，只能當個轉拷ＣＤ的行政人員。

五年過去，她早已適應了行政工作，有天，主持節目的機會突然從天而降，讓她感到錯愕與驚慌，「我當行政時天天被釘得要死，每小時都得寫工時表，每天拷貝ＣＤ，工作量很大。從行政變成主持人，沒有人問過我要不要，我們這種小咖就是油麻菜籽命，有很多莫可奈何，只能忍耐。」

新職務，常常都是公司亂點鴛鴦譜，點到你就得上場，沒有人管你準備好了沒有。沒有準備好，請識相的自請離職。公司直接喊下一位，反正後面還有一堆人排隊。

阿玲得到新職務後，迎面而來的就是鬥爭，「當時，公司政策是『年資滿三十年或五十五歲以上的員工列入資遣名單』，面臨被資遣的老員工處處針對被留下來的年輕人，他們以為弄走這些年輕人，就能繼續在公司做下去，這想法非常白癡。」阿玲回想那段被鬥爭的日子，除了心有餘悸外，更多的是，無處申冤的委屈。

「被資遣的人都很優秀，各個都是金鐘獎的常勝軍，口條好、腔調圓，年輕一輩根本比不上。他們常嘲笑我們滿口台灣國語，想等著看我們出糗，以便好好嘲笑。公司也不力挺我們，深怕雜牌軍上陣，節目出包連連，砸了公司招牌，說到底，我們不過就是為了逼走老將的一顆棋子。」

阿玲的節目沒有知名度，常連來賓都找不到，「你想想看，誰會浪費時間來上沒有影響力的小節目，其他年輕的同事有人扛不住壓力就離職了。我有兩個小孩要養，怎樣都得撐下去。」俗話說為母則強，阿玲的老公因病過世後，她獨自扛起養孩子的責任，勉強餬口的薪水，不多的存款，讓她在遇到職場暴風雨時，猶如坐在破船，風雨飄搖也得奮力航行。

對於新任務，阿玲的態度是怎樣都要做做看，如果立刻辭職走人，不就是讓敵人稱心如意嗎？

在前有埋伏、後有追兵之下，阿玲心生一計：「來賓不來，我何不離開錄音室主動去找來賓錄音。」她扛起機器外出主持節目，「受訪的單位都會派口才一流的人出來受訪，我就讓他們一直講，我只要偶爾搭腔或者提問一兩句就好。出去採訪一次，錄音三小時，就夠讓我撐三集了。」

有些人對於受訪時間這麼久，感到疲累又不以為然。表面上客客氣氣，轉身後的話語總是特別真心，也特別傷人。「有次來賓戴著迷你麥克風起身去上廁所，我從耳機中聽到她對別人說：『這個主持人訪問這麼久，累死我了！她什麼都不懂，要我一直講、一直講。』我聽得清清楚楚也只能假裝沒事，我需要來賓幫忙撐起這個節目，我只能裝聾作啞，忍氣吞聲。」

「我很感謝我的來賓，幫助不會採訪、也不會主持的我度過難關。」阿玲靠著來賓的好口才存活下來了，招數笨拙卻是無計可施下最聰明的作法。

節目播出後，同事冷言冷語嘲諷：「她只會讓來賓一直說話，主持人可不是一台錄音機啊！」、「她的破鑼嗓子也能主持？」、「沒天理！連國語都說不好的人可以繼續主持節目，我這種得過三次金鐘獎的主持人居然被逼退。」

阿玲忍無可忍，也對外嗆聲放話：「我過去是沒有機會主持節目，給我三年時間，我就可以拿到金鐘獎。我打算連續拿兩年，之後先休息一年不拿獎，因為一個新人連續三年都拿太超過了，未來只要我想得獎，就能得獎。」

阿玲有真的連續兩年拿得到金鐘獎嗎？

「沒有啊！當然沒有。我當時就是氣不過，嗆聲放話而已，反正前輩快被資遣了，日後也不會出現在公司，我有沒有拿到金鐘獎不重要，能激怒他們一下，我就是爽！」

阿玲對資深同事嗆聲是為了爭一口氣，撐住不走，也是一口氣。強大的意志力是她克服萬難的超能力。

阿玲跑去外面採訪製作節目，是拿命在拚生存。「我採訪回來，常剪接到凌晨一點，導致白天訪問來賓時，有時候會邊錄邊打瞌睡，受訪者也不忍心叫醒我。我長期過勞，三餐不正常，導致胰臟發炎指數飆高到住院打點滴。住院時，因為沒有人幫我代班，我還跑回去電台剪接節目。」

天道酬勤，一年之後，菜鳥阿玲的節目慢慢做出口碑，訪談來賓也跟著順利許多。此時的她，已從那個生怕打破飯碗的主持菜鳥，搖身一變，成為能獨當一面穩住飯碗的老鳥了。

阿玲的故事給了我三個體悟：

一、資遣員工時，留任者跟被迫離去者的關係，猶如陰陽兩隔

阿玲的薪水並不高，卻被薪水優渥的資深主持人視為眼中釘，說穿了就是因為資深主持人想繼續留任。

多數來說，職場上的過節並不是有什麼深仇大怨，而是你擋了別人的財路或者升官之路。你什麼錯都沒有，就是礙了別人的路，要不就把自己縮小退讓到牆角，讓自己毫無發展性，要不就坦然以對。你要認清彼此因為立場不同，永遠不可能和平共處的事實，無須討好，坦然面對保持距離就好。

二、看清楚情勢，分析利弊後就能放膽嗆聲

我曾經問阿玲，放話要拿金鐘獎獎卻未曾拿過，不會很窘嗎？阿玲笑笑地說：「一來，這沒有什麼好在乎的，時間過了這麼久也沒有人會記得。二來，這有很多講法可以開脫，例如，就說公司的政策不配合，長官不力挺我，總之就是怪東怪西；不是我辦不到，是大環境造就我的無能，這樣面子就保住了。」

阿玲算準了只要自己撐住、活著，就是勝利。

在職場上放話、嗆聲，替自己出一口氣，必須跟阿玲一樣，先沙盤演練分析好利弊再行動才能大獲全勝。

三、舒適圈可以讓你開心，失速圈可以讓你增長技能

俗話說「家財萬貫不如一技在身」。沒背景沒學歷的阿玲，想要不被公司淘汰，必須要學習其他技能才能保住飯碗。職場上的變動，逼迫她日夜追趕學習當主持人的技巧，讓自己更有競爭力。

危機來時，舒適圈變成失速圈，當你能在亂流中穩住，技能也就來到新的境界，想要循序漸進地學習，你需要舒適圈；想要突飛猛進讓人刮目相看，你需要失速圈，擁抱每個危機就能迎來轉機，開創下一個契機。

阿玲的敵人，經過歲月洪流的沖刷已消失殆盡。新來的主管對阿玲勤奮的工作態度頗為欣賞，她不僅加薪還順利養大了兩個小孩。

命運給了她一手壞牌，她憑著一口氣過關斬將，終於柳暗花明，打造出一片得以安身的小天地，她的努力造就了自己。

PART 2

把每一仗都打好打滿

換了位子 換了地位

明白所有榮耀都有保存期限，
得意時謙遜待人，
日後平凡度日時，就比較不會感嘆萬千。

「主跑我們公司新聞的記者，在某場餐敘上說，我很難搞，配合度很低。」一進店裡，我就對老友喬姊吐露工作上的苦水。

「你難搞？有嗎？」喬姊不解地問。

「這位記者想做我們公司的產業專題報導，我給了相關資料，但主管都婉拒受訪，記者對此感到不滿，憤而在LINE上直接大罵，『為什麼我每次只要找你們採訪，都會遇到困難，幾百年來都這樣，你們這樣真的不行。』她罵我的文字不斷在LINE上噴出，我只好不斷跟她道歉。」我苦笑著對喬姊解說事情的來龍去脈。

「找受訪者是她的工作，為什麼罵你？」喬姊替我抱不平。

「我們當記者時也覺得企業公關都要伺候我們啊，這位記者的態度正常啦。」將心比心，我自己也曾有過不知感激的心態。

喬姊跟我相識多年，我們從媒體業轉職到企業，白居易的《琵琶行》中有句話是「老大嫁作商人婦」，意思是紅顏老去後，客人稀少，嫁給商人求個溫飽。媒體工作者的職場命運又何嘗不是如此，一位記者隨著年歲增長、體力衰退後再也禁不起二十四小時的隨時待命，此時，多數媒體人都會想轉換跑道到企業當公關，求個正常上下班的安身，換取薪俸度日。我跟喬姊也循著這樣的轉職軌跡，在幾年前到企業任職。

「她知道你是黃大米嗎？」喬姊困惑地說。

「罵我的時候應該不知道，後來可能知道了，幾天後，她默默回收ＬＩＮＥ上罵我的話。」我邊吃著滷味邊說著後來的發展。

陽光從窗外灑落，我們用餐的地點是家很樸實的小麵店，一如我們離開媒體產業後的人生，記者光環拿掉後，就是個可以任人隨意飆罵的小公關，不再享有特權與禮遇，卻可以很踏實地過生活，揮別漏新聞的焦慮。

喬姊為了安慰我受創的心靈，說了個精采的故事。

每到選舉期間，媒體對於較可能勝選的候選人總是比較關愛，西瓜偎大邊之下，高人氣、高勝率的競選總部總是人聲鼎沸、人山人海、人流不斷。反觀冷門的候選人，競選總部則是人煙稀少、門可羅雀、工讀生比客人還多，光看這景象，就知道勝選有多難。第一次參選的阿偉就是如此慘澹的情況。

阿偉每天勤勞地跑市場、拜票、握手，站在路口揮手，從早忙到深夜，所有的努力如鹽融入水，絲毫看不出差異。選戰進入倒數，阿偉的心情猶如熱鍋上的螞蟻十分焦急。急中生智下，阿偉想到了喬姊曾經是媒體高層，找她來操盤輿論聲量，一定沒問題。

喬姊見到阿偉就先給了一頓罵：「我還真不懂，你是哪根筋不對？你又不愁吃穿，幹麼出來選，做牛做馬還被人嫌，又何必呢？選區裡藍綠都有派系，你無黨無派、不藍不綠選個屁？」

阿偉被罵得一臉窘迫，話像魚刺卡在喉嚨，吞下去、吐出來都難過：「對對對，你說的都對，但我都參選了，頭已經洗下去，至少讓開出來的票數不要太難看，也讓我對背後力挺的金主朋友們有交代。」

阿偉對政治有熱情，加上家裡的祖產豐厚，自然想參選實現理想。選舉夢還真是有錢人才玩得起的遊戲，大街小巷的海報與看板都是錢打點出來。和阿偉一起長大的拜把兄弟，力挺他的政治夢，出錢也出力，阿偉擔心辜負朋友們的期待，對於成敗更加在乎。

在阿偉參選的選區，藍、綠捉對廝殺，其他小黨候選人，像是陪公子哥進京趕考的書僮，無名也無姓，完全不會引起注意。

明星候選人不論吃什麼、喝什麼都是媒體報導的焦點，至於沒人氣的候選人多如過江之鯽，就算上街拜票喊破喉嚨，求爺爺告奶奶也沒有什麼露臉的機會。阿偉屬於後者，他是政治素人，也是選戰中的弱勢族群，可憐啊。

「阿偉，你平常有沒有什麼特別的興趣或者嗜好？有沒有一些有趣的、有噱頭的、有故事性的事情可以讓媒體報導？還是你有做了什麼好人好事？」喬姊是個刀子嘴豆腐心的人，嘴上叨唸著阿偉參選是不智之舉，倒也真心實意地幫他想著在媒體上曝光的辦法。

「你也知道，我就是個很平凡的人，連我老婆都覺得我無聊又無趣。我每天都很認真地在菜市場拜票，記者都不來拍，我真的心好累。」每個候選人每天都在拜票，試圖吸引媒體報導，但可不是人人有上版面的機會。

「你再仔細想想，多想一下，有沒有比較特別的？」喬姊語氣中有種恨鐵不成鋼的心情，巴不得自己下去選，也比眼前這個空有政治熱情的二百五來得稱頭。

阿偉思考了一會，鼓起很大的勇氣說出：「**我・會・跳・火・圈！**」

「跳火圈？你會跳火圈！」喬姊眼睛都亮了，一個候選人會跳火圈，真是太有哏了，比獅子跳火圈還有哏呢。

「我以前在學校練過體操，只要把鐵圈弄大一點，點上火，我可以毫髮無傷地跳過來、又跳過去。」阿偉像是突然被老師讚許的孩子，急著展現自己的才能。

「如果你可以表演跳火圈，版面就是你的了，但你可要想清楚，有版面不一定有選票，可能一陣熱熱鬧鬧像煙火一樣就過了。」喬姊雖見哏心喜，也不忘善意地提醒阿偉。

選戰中沒有曝光就預備等死，曝光不見得可以活命，至少是一線生機，阿偉人在囧途決心豁出去拚了。

冷清又小的競選總部，在阿偉決定舉辦「跳火圈記者會」時，突然熱熱鬧鬧了起來，工作人員有人忙著研究如何點火才不會失火，有人研究滅火器的使用方法，競選總部回春似地生氣勃勃，空氣中瀰漫著振奮的氛圍。阿偉本人每天都在國小的操場裡面練習跳火圈，跳過來又跳過去，熟能生巧，勤能補拙，乞求跳火圈當天平安順利。

「阿偉，我跟你報告一下記者會舉行後在媒體上可能的效應。」喬姊講話向來犀利又中肯，良藥苦口，吃不吃得下，就看個人身體與心靈是否強健，「記者會當天你一定會上媒體，跳火圈成功，露出在政治版，標題大概是『素人參選為了政治理念跳火圈搏版面』，反之如果跳失敗了，火燒到自己，就是社會版頭條，標題會是『自以為獅子王！素人參選跳火圈搏版面，失手燒到自己送醫急救』，醫療記者會搭配一則燒燙傷急救法的新聞，沖、脫、泡、蓋、送。總之，不論成敗，版面都是你的了。」聽完喬姊的分析，阿偉挺開心的，他覺得這輩子辛苦練體操，就是為了這光榮的一役。

喬姊細心提醒大家，當天阿偉接受媒體聯訪時，記得要把火圈先滅掉，如果火圈繼續燒著，阿偉站在前面受訪，畫面會有大型輓聯的感覺，這麼觸霉頭的事情，記得避免。

在這頭，新聞部編採會議上，當政治組的記者回報明天有候選人要跳火圈時，新聞部主管們眼睛都亮了。

採訪中心主管：「這太有哏了，直接開SNG車，記者務必從候選人跳火圈熱身時就開始連線，這則新聞太有趣，要大做特做，記得跳過去的瞬間要慢動作三次，讓大家看清楚一點。」

編輯部主管也樂開懷，搶著插嘴：「這條新聞，我們編輯台想每一節整點新聞都連線，你們派口條好一點的記者，我們準備一下馬戲團裡獅子跳火圈的畫面，到時候直接開雙框對比，新聞的特殊鏡面也規劃一下，要有一種熊熊火焰的感覺，燃燒吧火鳥～火鳥～火鳥。」

終於，來到記者會這一天。

電視台的攝影機來了十幾台，SNG車五台，電子與平面媒體記者排成一排，等著捕捉跳火圈的精采瞬間。

記者會一開始，阿偉委屈地訴說自己在藍綠大黨夾殺下，生存多不容易，娓娓道來自己想改變社會與國家的使命感，「很多人都說我這次參選是玩假的，很像在跳火坑，我只好透過跳火圈的行動，展現我是選真的，我勝選的決心比眼前的火焰還要猛烈。」喬姊在一旁聽著也覺得感動。

阿偉衣服一脫，助跑、衝刺、如靈巧的豹子跳過熊熊火焰，英姿煥發又靈巧，讓人想舉起滿分10分的分數牌。看來阿偉真的有練過，面對大場面毫不怯場，現場的媒體記者們都對這場「跳火圈記者會」感到很滿意，眼看記者會即將尾聲，競選總部的工作人員開始收拾燒過的鐵圈、地上的軟墊子、滅火器等等，等到撤場差不多時，有一家電視台遲到了，記者小君走過來對喬姊說：「你是公關嗎？抱歉，我們來得比較晚，沒有拍到畫面，可以請阿偉哥再跳一次嗎？」

說來也巧，喬姊也曾在這家電視台當主管，對於作業方式與生態，熟悉得不得了，她好聲好氣地對小君說：「跳火圈是有危險性的事情，防護的東西都撤了，不太可能再跳一次，別家電視台的記者都還沒走，你去跟他們借畫面，SNG車上拷貝一下，比較快。」

小君對喬姊的回答很不以為然：「拷貝畫面？哼，我們不做這種事情，只有其他電視台拷貝我們的畫面，沒有我們拷貝其他家的。如果你們參選人不重新跳，我們就不播這則新聞，我們是收視率最高的電視台，我們沒播就等於全台灣一半的人口沒看到。」

小君這句「我們沒播就等於全台灣一半的人口沒看到」澈底激怒了喬姊。「囂張什麼勁！」她內心暗暗罵著。

生來傲骨的她，哪容得下被後輩嗆聲的氣焰，「你們不播，我也沒辦法。」喬姊一臉抱歉悻悻然地說完，小君對於事情不能如己意，臉也沉了下來。

故事聽到這，我覺得喬姊真是太有肩膀了，敲碗詢問後來呢？新聞真的沒播嗎？

「播了，當然播了！全台灣的電視台都播了，她就算脾氣再大，也不敢不給公司交代。」

新聞一定會播，但稿子怎麼寫，可是大有玄機，喬姊深知記者對受訪者心生不滿時，下筆方式可以多自由心證。她搶在新聞播出前撥了通電話給小君的主管郜哥，郜哥剛入行是菜鳥記者時，喬姊曾多所提點幫忙，如今，喬姊就算離開媒體圈，這份師徒情郜哥是記得的。

「郜哥啊，我家候選人的新聞麻煩多多關照，你們就算要把我們候選人跟馬戲團的獅子比一比，我也都能接受，我只是來拜託這次的報導可以持平一點嗎？」喬姊把姿態拉低，話也說得漂亮客氣，讓人一聽就明白。

「喬姊，大家自己人，你放心，我們會以詼諧有趣的方式來呈現，讓這則新聞成為沉重選戰中的亮點。」

新聞播出後，內容很友善，喬姊心中大石頭落下來。

此時，手機聲響，小君打了電話給喬姊，話裡帶酸也帶劍：「喬姊，你早說嘛，你是新聞圈的前輩，有什麼想法可以現場跟我說啊？何必這樣子打電話給我的長官呢？」

「我不確定你會怎麼下筆，我是一個公關人員，我只是去轉達一下我們的期待。當然，你最後怎樣寫，播出什麼內容，我也無法控制。」兵來將擋，喬姊態度堅定。

「喬姊，你在控制新聞！你打電話給我的主管，這樣不是新聞操控是什麼呢？你新聞操控很成功。我們長官要我明天去拍你家候選人阿偉的選舉專題，再麻煩喬姊費心幫忙安排喔。」小君回嘴的譏諷，捍衛主權，也宣洩不滿，旋即掛了電話。

喬姊可不是省油的燈，收線後立刻打給小君的主管郤哥：「我剛剛接到小君的電話，要不是我還在搭捷運，我就罵她了，她打那通電話來是什麼意思？」郤哥連番道歉，邊搶著說：「你別生氣，我去跟小君溝通溝通。你們候選人跳火圈的新聞很好看，收視率一定高，好看到我們想增加一條專題報導。」

這場戰爭喬姊贏了，但雙方梁子也結下了，之後兩人在其他場合巧遇時，小君會當著她的面語帶酸楚地自嘲說：「我只要看到喬姊就覺得很害怕，怕萬一新聞哪邊做不好，喬姊又會打電話給我的主管。」

多年以後，喬姊跟我談起這件事情，除了雲淡風輕外，多了點說趣的味道。「我也不會怪小君，我們當記者時，看到每個人也都是『你哪位啊』的態度，記者必須『藐視大人物』才能不畏懼強權，才能把新聞跑好，自然也就培養出這樣的性格。」

「對啊，我們在對受訪者發怒時，根本搞不清楚他的來頭與身家背景。」我檢討著自己過去的態度，「前幾天，有位記者因為一些事情在電話裡把我罵了很

∷ 我們當記者時太自以為是，

等到失去麥克風與鏡頭後，才被打回原形，

明白自己什麼都不是。

久，我也就任她罵，當作消業障、報應來了。」換了位子之後，我也從那個驕傲的大牌記者，變成無名無姓的小咖公關了，嘗到人情冷暖。

「我們當記者時太自以為是，以為自己可以影響全世界，以為自己很厲害，等到失去麥克風與鏡頭後，才被打回原形，明白自己什麼都不是。」

不論是自願還是被迫失去公司品牌與頭銜的防護罩時，我們都會失落。明白所有榮耀都有保存期限，得意時謙遜待人，日後平凡度日時，就比較不會感嘆萬千。沒有了社會地位與不切實際的吹捧，也許反倒能擁有更多更踏實的東西。

對了，阿偉後來落選了，但他奮力一搏的拚勁與態度，倒也挺值得學習。

能吞下一口氣才是真強者

人的部分搞定了，再不合理的事情都可以有轉圜的餘地。倘若人的情緒安撫不好，再簡單的事情都可能被刁難。

有沒有想過，為什麼老闆只喜歡聽話的奴才？真正有能力、有想法的人，往往發展比不上狗腿族呢？

讓我用個小故事來解釋給你聽。

我在當企業公關時，某次辦完記者會，身心頓時放鬆下來，決定找了個空檔搭計程車去服飾店逛逛，買衣服。

平日我總是搭公車前往，在我的認知中，到服飾店最近的路，就是公車走的道路。沒想到搭上計程車後，司機開的方向完全不同，我開始懷疑司機是不是弄不清楚路況，或者是想繞遠路。客氣地問司機：「為什麼不走前面的橋？我平日搭的公車都這樣走。」司機說：「公車都會多繞點路，才能多接點乘客，我現在走的這條路，比較近。」

我對他的話存疑，搭車搭得很不安，出聲請司機聽我的，照著我指定的路走。他嘟囔了一下，還是聽從我的指示，改變行駛道路。突然，我又覺得每條路都好像，不太確定是否可通往目的地，慌亂下，我一下要司機大哥往前走，一下又指示他轉彎，我們這台車成了無頭蒼蠅在馬路上團團轉。我拉不下臉來認錯，車內的氣氛也變得有點僵，為了逃避這一切，我立刻下計程車，改搭公車。雖然比較慢，至少那是我安心且熟悉的方式。

下車後，走沒幾步，我的方向感回來了，也察覺司機大哥剛剛建議的道路，確實是最短的路程。強烈的內疚感湧上心頭：「司機大哥一定知道我是錯的，卻因為我是付錢的人，即便他知道我說錯了，還是得聽我的。倘若他堅持走自己想走的路線，縱然是對的，也會惹得我不開心。」

我的乘客心態，就是許多老闆的心態。

老闆付錢聘僱員工就是為了解決他的問題，而不是請員工來評論與反駁他的決定，製造出更多問題。老闆交代的事情不管你覺得有多蠢，先去做做看，給老闆一個面子，萬一真的行不通，至少你試過了，之後再婉轉提供建議給老闆就好，最後決定權還是要交給老闆。

在職場上，我們不僅在處理事，也在處理人，人的部分搞定了，再不合理的事情都可以有轉圜的餘地。倘若人的情緒安撫不好，再簡單的事情都可能被刁難。

再說個小故事給你聽：

小靚是個配音員，某天接了個案子，客戶品牌的總經理親自前來開會，總經理一開口就說：「我希望你配出來的聲音是，眼睛一閉起來聽，聲音給人感覺涼涼的……涼涼的感覺你知道吧？」

「什麼東西？什麼涼涼的感覺？」小靚內心有很多不以為然，到底怎樣的聲音是很涼的聲音呢？是七月鬧鬼的那種涼嗎？換作菜鳥配音員此時一定會翻白眼，小靚是EQ超高的資深配音員，她什麼都沒說，僅微笑地詢問總經理：「涼涼的聲音？沒問題啊，總經理您希望大約幾度的涼呢？您比較想要10度的涼，零下5度的涼，還是零下30度的涼呢？」現場的人包括總經理聽完都忍不住大笑。

總經理有點不好意思地說：「唉呦，就是涼涼的，你也知道我們是賣冰的，就是要聽起來涼涼的啦。」這段對話，讓大家笑成一團。現場氣氛好，工作也就順利搞定了。

小靚接口說道：「我懂我懂，我等等配音，配配看，總經理你聽一下，看夠不夠涼？如果覺得不夠涼，我再來調整喔。」

小靚不僅ＥＱ高還懂得察顏觀色。她事後跟我說，你想想看配音的成果，誰來審核？一定是總經理。如果你在第一時間反駁他「聲音聽起來涼涼」的需求，讓他臉上無光，你就算配音配得再好、再涼，配一千次都不會過關的，因此怎樣都要先笑笑地說：「沒問題。」

小靚的高ＥＱ來自人生的歷練，她生過一場大病，生死一瞬間的苦難讓她學會勇敢。她告訴自己，撇除掉與生死有關的事，其他都是小事情，都不重要。從此也練就了裝糊塗的本事。

多年前的某一天，她提早到錄音室工作，在錄音室裡趴著休息。

不一會兒，某位配音界的大哥來了，由於門未全部關上，她聽到以下的對話：

錄音師：「這次的配音不是我發小靚的，是客戶指定找她。」

配音大哥：「沒關係，你以後就跟客戶說她生病或是出國。」

錄音師：「好好好！」兩人繼續聊天說笑。

小靚不想再繼續聽到兩人批評自己的對話，就裝傻地從錄音室走出來，兩人看到她，臉都嚇白了，小靚只淡淡地說：「我剛剛在裡面睡著了，要開始錄音了嗎？」她如常工作，假裝完全沒聽到剛剛兩人講的話。錄音師和配音大哥觀察她好一會兒，這才放下心跟她說說笑笑……

不論是在職場或者做人處事上，年輕時我們總是血氣方剛，最在意的是如何替自己爭一口氣，遇到事情時，忍不住爭強鬥狠。等到有了一定的人生閱歷後，你逐漸會知道，在關鍵時刻，能吞下那口氣的，才是真正的強者。

∶ 在關鍵時刻，

能吞下那口氣的，才是真正的強者。

資歷能換來機會，實力才能拿穩位子

光鮮的頭銜與職位都撐不了太久，猶如午夜十二點以後的灰姑娘，很快就被打回原形。

阿忠調到我的部門時，我皺了皺眉頭，但人是老闆面試的，老闆覺得可用，我哪能反對？況且我跟阿忠還不熟，不如就試用看看。喔，忘了說明一下，為什麼我對於阿忠的能力感到懷疑，因為阿忠在到職後兩個月內已經轉換了三個組別，我是第四個，全新聞部只有四個組別，他已經周遊列國。

觀察阿忠兩個禮拜後，我對主管開口了：「阿忠是個很乖的孩子，但不太適合跑新聞，我可以不要他嗎？」我突然明白為何其他組的主管不想要阿忠的原因，他的腦筋太死板，新聞工作需要很靈活的人，如果持續用阿忠，我可能會氣到腦中風。

「如果連你都不收，我也只能叫他走路了。」主管說出她的決定，把球丟回來我這邊。如果我堅持不用，好像顯得太殘忍，最後我決定讓阿忠繼續留校察看。

記者這種工作，沒有職前訓練，最多跟著前輩跑三天，就得自己獨立作業。大家都很忙，沒有什麼循循善誘、好好教導這回事，適者生存、不適者淘汰，你不適任，外面還有大把大把的人要進來。

阿忠非常乖巧地繼續在我的組上待著，他有多乖呢？我交代的每一件事，他都彎著腰仔細聆聽，拿著筆寫在黃色的便利貼上，回座後貼在電腦前。黃色的便利貼越來越多，他的電腦越來越像是裝置藝術，方方正正的螢幕占滿黃色的便利貼。阿忠把我交代的事項貼完後就結案了，絲毫看不到改善。

編輯台的同事都知道阿忠這號人物，因為阿忠寫的新聞太容易出包了，在組織中表現最優秀跟最爛的員工都會被高度注目，前者用來表揚，後者用來當茶餘飯後說嘴的笑談。

有天，編輯部的主管走到我的桌前，看了一眼阿忠黃色便利貼電腦螢幕，用略帶惋惜的口氣說：「大米，你的屬下好乖巧，寫了好多你交代的話，不過他做的新聞到底在寫什麼？你知道昨天他下的標有多誇張，你有沒有幫他審？」

我當然有幫他審，要命的是，他稿子中要審的地方太多了。補破網的工作很艱鉅，因為網子漏很大，任何地方都能竄出一條活蹦亂跳出錯的魚來，我也只能苦笑。

關於阿忠的客訴，來自四面八方，資深的攝影大哥走了過來，用台語對我說：「米姊，這樣真的不行，他連去街頭訪問路人，都不敢直接上前去問，而是先幫路人移摩托車。等幫忙完後，才問路人能不能受訪，一條新聞變成要拍很久，來不及播出啊。」攝影大哥搖搖頭抱怨著，還慶幸自己明天排休，可以避免又和阿忠搭檔。

電視新聞的稿子，兩大重點是口語化跟畫面感，阿忠頂著國立大學中文系的高學歷來上班，每一篇稿子，都深奧到讓我大吼：「你到底在寫什麼？」罵他時我也會感到於心不忍，但轉頭看到阿忠回到座位上後，沒有立即改稿子，卻悠閒地吃起從家裡帶來的中藥補品，我就後悔剛剛沒有多罵兩句。

我氣到快往生，他還在養生；我在面對他錯誤百出的稿子、試著接受它、處理它時，阿忠已經快樂地放下它。我覺得自己道行太淺，體悟到面對它、接受它、處理它、都只是過程，誰能先放下它，誰就贏了。

阿忠跑新聞的經典案例越來越多，每一個例子說出來，大家都會笑到肚子痛。但我笑不出來，因為阿忠是我的屬下，我每天都在替他收拾善後。

終於，我爆炸了，再次對大主管說：「阿忠真的不適合當記者，我已經盡力了。」在這麼艱難的一刻，我的主管倒是一派輕鬆，有種「死馬當活馬醫，最終死馬還是死了，也不能怪大家沒盡力」的釋然，這段阿忠職場彌留的觀察期，讓大家都能接受他不適任的事實，讓阿忠可以好好上路，怨不得人。

阿忠對於被淘汰出局完全不能接受，他的夢想就是當主播，如今居然無法在新聞部容身，令他大受打擊。他不斷地嘆氣，似乎在感嘆生不逢時，千言萬語卡在喉嚨，最終擠出一句：「老闆，我知道了。」

調度記者去哪邊採訪，是新聞部主管的權力與責任，主管在每天的稿單區寫上記者的名字，代表這條新聞由誰去跑，例如：A去立法院看公投表決結果，B去警察局了解偷竊案後續，C去教育部聽少子化公聽會。

那天在填寫稿單時，我眼睛一亮，有一個名模出席的記者會，阿忠竟在調度區寫上自己的名字，我對此感到納悶，叫阿忠過來，問：「名模藝人不是我們的管區，是影劇記者的事情，你為什麼寫上自己的名字？」

阿忠提高聲量對我說：「我今天最後一天上班了，你為什麼不讓我去名模的記者會爽一爽？」爽一爽，這三個字讓我的腦袋瞬間一片空白，原來主管的任務，還包括在不適任記者的最後一天，讓他去「爽一爽」。

我對此感到很不爽：「這是影劇記者的事情，你不能去。你上班最後一天，我為什麼必須讓你去爽一爽，你今天是不用拿薪水嗎？」我鐵著臉反駁阿忠，暗暗咒罵他真是個死白目。

阿忠離職後，找了台內的資深主播文姊吃飯，餐桌上阿忠不斷唉聲嘆氣，訴說自己的委屈，接著暢談他對新聞的理想，強調自己多適合當主播，並詢問文姊一些播報的技巧。

文姊非常熱心，傾聽阿忠不得志的哀愁，還給了許多關於職場的忠告。阿忠感激在心，終於有人懂得他的懷才不遇。他用閃閃發亮的眼神對文姊說：「真的很謝謝你跟我說這麼多，我今天沒帶錢，這一頓你可以先買單嗎？」阿忠果然是阿忠，每一次的出手都是一個令人傻眼的驚嘆號。

曾經有位粉絲在我的臉書留言表示，「天底下沒有不OK的屬下，只有不會教的主管」。這幾個字讓我理智線斷掉，我想用這個小小的故事跟大家說，屬下如果能力弱到不適合這個職位，不是春風化雨就可以讓朽木變神木。當他還沒變神木之前，我就已經氣到成為墓碑，等著讓大家來上香了。請不要以為自己是救世主，可以拯救每個人，只是徒增痛苦而已，最後你還是會請他走，不是嗎？為了讓自己長命百歲，該讓他走就讓他走，才是明智之舉。生命會自己找到出路，我相信他可以找到更適合的地方。

阿忠後來怎麼了，轉行了嗎？那你就錯了。他在台灣幾個電視台短暫任職後，轉戰海外電視台工作，對於如此頻繁地轉職，他對外的說法是：「我因為能力很強，能夠快速適應各種新聞，被派到不同的線路都可以立刻上手；公司對我非常器重，我屢次被其他公司挖角。」

阿忠的履歷隨著頻繁轉職，資歷越來越豐厚漂亮，資歷都是真的，也都是假的。怎麼說假的呢？譬如，他曾經在台灣的新聞台參加主播徵選的試鏡，但履歷表上的資歷自動升級為曾擔任台灣電視台主播。

他曾在中國的某集團擔任公關專員，履歷表上變成「擔任CEO貼身幕僚主管，帶領團隊，為企業家執行個人品牌傳播計畫」。如果面試官問他執行的細節，他會霸氣地回答：「我只負責大方向，細瑣的小事是下屬做的事情。我只負責制定目標，監督他們。」

阿忠的履歷表堪稱是「教科書等級的精品履歷表」，橫看、豎看都完美，最大的破綻就是他太年輕了，不到三十五歲資歷已經橫跨兩岸三地，讓人不禁充滿疑問。

阿忠的人格特質確實不夠腳踏實地，由他的故事也可看出在社會上走跳，用名牌資歷可以換來更多機會。如果你沒有名牌資歷就去拿一個吧，走跳社會很好用的，履歷上的資歷總是虛虛實實，如果你是有實力的人，更該學學阿忠如何膨脹自己，別讓自己因為太客氣、太謙虛，限制了發展。

阿忠騙得了一時，卻難安頓自己一世，迄今還在不同的企業走跳，但光鮮的頭銜與職位都撐不了太久，猶如午夜十二點以後的灰姑娘，很快就被打回原形。讓他又得繼續參加一場又一場的應徵派對，等待下一個被華美履歷吸引的伯樂。

∷ 履歷上的資歷總是虛虛實實，

如果你是有實力的人，

更該學學阿忠如何膨脹自己，

別因為太客氣、太謙虛，限制了發展。

面對老鳥的冷漠，小心輕放玻璃心

在踏入職場或者轉換跑道時請做好心理準備，
把別人的冷漠當正常，
你就不會浪費時間在自己的內心小劇場，
為人際關係傷神。

我常說，剛進電視台的菜鳥記者最適合丟到立法院跑新聞，為什麼呢？因為立法院有一群愛上鏡頭受訪的政治人物，就算你第一天上場跑新聞，只要有攝影機，鏡頭一開，麥克風一遞，立委們立刻滔滔不絕地在鏡頭前面暢所欲言，他們各個口才便捷，唱作俱佳，絕不冷場。立委是受訪專業戶，讓每一隻首次飛來立法院的菜鳥記者都能順利完成採訪任務，也能逐漸累積採訪經驗。萬一不小心漏新聞了呢？沒關係，請立委幫忙說一次，或是找同業記者拷貝新聞，補救這類藍綠政治人物互相謾罵的新聞是輕而易舉的事。

我剛成為電視台菜鳥記者時，照例也是先被丟到立法院磨練，我第一時間不是忙著了解各黨團的生態，而是先去百貨公司買幾套稱頭的套裝。畢竟累積職場實力需要時間，採買工作戰袍只需要刷下信用卡。

剛到立法院報到，我很快就知道這裡是誰的地盤。最資深的記者是曼姊，後生晚輩都以尊敬的態度仰望她。她對我們這群立法院新人很冷漠，不太搭理我們這些小菜鳥。俗話說物以類聚，小菜鳥很快就會找到同類，因為每一隻菜鳥身上都有很濃的菜味，八百公尺以外就可以聞到，這股濃濃的菜味會讓老鳥們搶著迴避，因為跟菜鳥熟，就是給自己添麻煩。

資深的曼姊當然也是如此，有時我們這些小菜菜想跟著她的腳步去找立委採訪，還會被當場喝斥：「你們來幹麼?立委是我約的，你們跟過來幹麼?要做新聞自己去約訪啊，你們只會跟著我屁股後面跑新聞，跑新聞這麼簡單啊?你們的薪水要不要分我啊。」每次被曼姊罵，我們都不敢回嘴，只能像做錯事情的孩子一樣，頭低低地，然後假裝沒事地離開。

曼姊跑立法院的資歷很深，家世背景也大有來頭，她爸爸是企業家，媽媽在藍營的黨團工作，家境優勢外加後天的努力，讓她成為立法院院長最關愛的記者。每當一群記者訪問院長時，曼姊都是第一個提問以及主問的記者，如果有哪個不懂職場倫理的菜鳥搶在她之前提問或插話，她會立刻像《紅樓夢》中的王熙鳳一樣，用白眼瞪死你！一個眼神就能讓白目的菜鳥知道這個行業規矩。「你有沒有禮貌啊，等我問完問題你再問，不要浪費大家時間。」當眾教訓其他記者是曼姊的強項，跑立法院新聞的規矩，曼姊說了算！

我們這群菜鳥自救聯盟常互相取暖，互相吐苦水，抱怨這些資深的姊姊怎麼這麼冷淡，真是沒有同理心，難道她自己沒有菜過、茫然無助過嗎？

我曾經不懂也不解為何前輩總是冷臉對人，等到我稍微資深一點後，就明白了。新聞圈來來去去的記者如過江之鯽，曼姊這樣的一姊一定曾經熱情幫助過新人，但天真熱情的新人在照面幾次後，可能就決定轉行了，只留下一張張想不起臉孔的名片。這種事情一而再、再而三地發生後，這些前輩覺得心很累，他們會懷疑眼前笑臉盈盈問好的菜鳥，到底能不能撐過三個月。更實際地說，這些前輩跟我們這些菜鳥交流到底有什麼好處？還真的沒好處。

論人脈曼姊比我們強大，論新聞專業曼姊比我們專業，我們還搞不清楚藍綠立院黨團在立法院的哪邊，她的程度是已經能夠細數各黨團的興衰史。以她的程度來說，如果花時間跟我們交朋友，只會經常被糾纏著問一些幼幼班的基本題，這種問題對資深的她們來說，未免太幼稚、太容易、也太煩了。職場上多數的資深老鳥都會覺得跟菜鳥保持距離，才能落得清閒。

這些姊字輩臉上的冷漠其實是保護色，保護自己的熱情相助不會有去無回，如果新人可以撐過三個月，姊字輩的臉色會好一點。倘若新人撐住半年，姊字輩會知道你有久留於此的打算，開始把你當成一起跑新聞的夥伴，而不是來新聞圈沾醬油的過客。等新人資歷滿一年，姊字輩會願意跟你分享一些受訪者的通訊錄，因為一年資歷的菜鳥也逐漸培養出能和前輩互惠往來的能力。

人性就是欺生，這些欺生的人不見得是壞人，他們可能遭遇過多次對別人一頭熱卻換來感情付諸流水的失落，從此處世待人變得小心翼翼。

資深前輩的冷漠，處處可見，他們不是無情，而是對於訓練新人覺得好累。

有次，我應徵某家雜誌被錄取了，上班第一天，看到某個名嘴記者走進辦公室，同事把我介紹給她，她一臉冷漠，只點頭說了聲「喔」轉身就走。

幾年後，我開始上節目跑通告，經常碰到她，隨著碰面機會越來越多，她對我的態度也越來越熱情，甚至某次當我的麥克風出狀況時，還順手幫忙調整，為何前後態度差異這麼多？多年前，我只是第一天報到上班的菜鳥，天知道我會做多久，會不會三天後就陣亡了。像我這樣的新人多不多？超多。所以，也怪不得別人對自己冷漠。至於後來跑通告再相遇時，她態度轉變，是因為隨著碰面的次數增加，她知道我活下來了，有可能成為長久交流互惠的咖，自然變得和顏悅色，這不

∴ 這些姊字輩臉上的冷漠其實是保護色，
保護自己的熱情相助不會有去無回。

是現實，而是人性。

人跟人的往來跟投不投緣、聊不聊得來有關係，但在此之前，雙方能否密切交往的關鍵，是彼此之間能不能互助、互惠、等量付出，魚幫水，水幫魚，這段關係才能融洽與長久。

當你踏入一個職場或者新的工作環境時，一開始對你冷眼的人不見得是壞人，你要給他們一點時間去認識你、了解你、相信你，所以請捧好你的玻璃心。

在踏入職場或者轉換跑道時請做好心理準備，把別人的冷漠當正常，你就不會浪費時間在自己的內心小劇場，為人際關係傷神，職場路也就能走得更順遂。

給主管的求生祕笈——補人之前需三思

公司指令要聽，
但自己可以微調整、微婉拒、
微拖延、微裝死。

「你看你看，恬恬又在不高興了，唉。」副總拿下老花眼鏡，走過來跟我碎念著。

企劃部的恬恬能力很好，人聰明做事也認真，工作交給她，是品質的保證，我一直以為她是副總心中的紅牌，有點詫異她也會有負評。

「恬恬表現都很不錯，就是脾氣大了點，她生氣我亂丟任務給她，哎呀，我不得已啊，她之前的專案收了，沒找事情給她做，老闆會要我開除她啊。」副總解釋著，也不知道是真的抒發心情，還是要我私底下去勸勸恬恬。弄不清楚副總的真實想法，倒是那句「沒事情做，老闆會要我開除她」，嚇得我心裡冒冷汗，擔心哪天輪到我。

聽到副總這樣說，我決定日後屬下離職，盡量不補人，因為補人會給自己添麻煩。

在我當主管幾年後，對於職場有更多的了解，知道很多事情不能只看眼前是否需要，而是要多想想之後的效應與風險評估，尤其是風險評估。

我一開始當主管的時候也不是危機意識這麼高，都是吃過了幾次聽命公司政策卻把自己搞死，才懂得如何在狹縫中自保與求生。就算是同一個人，他是菜鳥主管還是老鳥主管想法也會差異很大，菜鳥主管會對公司的命令言聽計從，老鳥主管則會看情況配合。

我第一次當主管是在電視台的新聞部，底下有七八名黨政記者，黨政組的記者負責跑立法院、總統府、八部二會，聽起來很威風，實際上不然：當政治新聞冷清或者立法院休會時，黨政記者會淪為找不到新聞可做的冗員，負責支援各組新聞，從財經、娛樂到社會都有可能，哪邊需要人就哪邊去，成為「利百代」。

相反的等到政治新聞熱度很高、抗議事件很多時，公司會讓主管添補人手，聽起來是不是很美好？如果你傻傻地按照公司政策補了很多政治記者，你就準備將來頭很大，因為等到政治淡季來時，這些沒新聞可以跑的記者就是你沉重的背包，讓你走得好緩慢，終有一天陪著你腐爛，此時，陳奕迅的《你的背包》這首歌你不僅可以每天聽，還能每天上演，讓你這個主管知道什麼是生不如死。

從此，我懂得了一個道理，公司指令要聽，但自己可以微調整、微婉拒、微拖延、微裝死，如果你傻傻地把人補滿，將來的你會痛恨現在老實的自己。

一個主管手上有多少人，就做多少事情，這是基本的道理，有時公司可能多給你一點點要你們承擔，但如果太多，你也可以用「沒人手」把事情推出去，甩鍋甩得乾乾淨淨，管他後來誰接了這個黑鍋，只要不是你就好。職場上就是「日頭赤炎炎，隨人顧性命」，把自己顧好就好。

我曾經碰過一個很無能的主管，他每次接到公司給的任務，都會一臉愁容，大聲哀號嘆息說：「我很想做啊，這不困難，這有什麼難的，我以前曾經做過更大的案子，當時震撼業界，但現在我底下人不夠啊，沒人啊！唉……沒人啊……」

總之，「沒有人，才導致他無能」這一招他用了很多年。等到公司幫他補人了，他還會常罵屬下說：「要我花這麼多時間教你，我自己都做好了，你要自己想辦法，自己看，自己學，請你來真是幫倒忙。」

新來的人，往往不堪羞辱，就走了。他就又回到「沒有人」的狀態，因此，就可以重複使用「沒有人，導致他無能」這招，而這招也讓他在公司安穩過了十幾年。

如果你是一個積極往上爬，喜歡當三軍統帥發號施令的主管，就很適合盡情補人，感受自己當主管的威風，承擔壓力是你喜歡的事情，有企圖心的主管，會對於每個新任務與新挑戰都興致勃勃。

相較起來，我則是個只想把分內事情做好的主管，對於公司的升遷我已經了無興趣，對於加薪三千、五千也毫無期待，像我這樣只求每個月能領薪水、好好過日子的主管還蠻多的。

把人補好、補滿的壞處很多，當你的部門人數眾多，每次公司檢討營運績效時，會第一個被檢視，畢竟你們部門人事成本這麼高，不檢討你們要檢討誰？公司營運不好時，最先開刀的就是養最多人的部門。

你可能會說，我們部門也曾經幫公司打下不少江山，建立不少功績。拜託你不要這樣天真，過去的事情就已經過去了，公司只會希望你此刻能解釋一下貴部門為何花掉公司這麼多人事費的理由，此時，你會像啞巴吃黃連有苦說不出，更慘的是寫報告時，你要幫每個屬下的日常工作「小事化大」，光是書面報告都可以讓你無語問蒼天。

第二個壞處是你的屬下會怪你，為什麼呢？因為當你部門從旺季來到淡季，公司會亂派事情給你們，多數的屬下對於被亂塞任務都會不開心，最常見的抱怨就是，「我是應徵某某位子，主管給我的新任務，不應該是我負責的事情啊。」舉例說明會更清楚：「我是應徵行銷企劃，怎麼會要我去幫忙測試APP！」「我是產品PM，不是客服，要當客服我早就去別家大公司了。」

當主管的你是不是常聽到這種抱怨呢？對，屬下都會怪主管亂丟工作，但他不會想到主管是好心在「找事情」給他做，讓他可以在公司繼續生存。

所以，身為主管的你適度補人即可，補人之前需三思，思考公司這幾年的營運狀況是否穩定、思考你上頭主管的性格、思考公司的文化，多想三秒鐘，你真的不會傻傻地上簽呈。

一個部門，補人與不補人，往往不是只有考量績效這麼簡單，不補人也許才能掩蓋很多事情，這個存活的錦囊妙計是大米用血淚換來的，請你好好收藏。

∷ 在我當主管幾年後，

知道很多事情不能只看眼前是否需要，

而是要多想想之後的效應與風險評估，尤其是風險評估。

經歷遍體鱗傷，才熬出與生活搏鬥的堅強與剽悍

女人當然可以溫柔，
但不是為了滿足社會期許，
剛強與果斷同樣都是閃亮亮的勳章，
值得女人抬頭挺胸戴在身上。

三十幾歲是許多人首次當上主管的年紀，而三十四歲的小魚也來到了是否接主管的十字路口。

她過往表現優異，成為公司很被看好的新生代。面對即將來臨的主管位子難免不安，她找我討教當主管的要訣，聽完我的建議後，她用緩慢的語調客氣地說：「嗯，我要好好學習，怎樣當一個溫柔的好主管。」

溫柔？我有沒有聽錯？

我眉頭皺了起來：「為什麼當主管要溫柔？好主管跟溫柔沒有關係，好主管可以霸氣，只要能解決問題，有肩膀扛起責任，就夠了。溫柔這個特質跟百貨公司

各種五花八門來店禮一樣，有很好，沒有也沒差，商品折扣低一點才是顧客最想要的。同理，當主管最重要的特質絕對不是溫柔，又不是在選親善大使，或者吉祥物，一個主管如果只要會微笑跟揮手，那真是太好當了。」

我認為一個好主管必備的重要特質是果斷。拖泥帶水、猶豫不決的主管，會讓組織內耗、屬下天天做白工。只不過果斷這個特質，放在男生身上叫做有魄力、霸道總裁，放在女生身上，就是強勢，充滿負面感覺。

坦白說，我做決策時超果斷。這樣的行動力來自專業上的自信與經驗的累積，我會在乎別人說我強勢嗎？不會。

我只在乎自己有沒有做出對的決定，讓屬下成功達標，讓部門評價更好、公司成長。我從沒想過我的作為會不會被認為不溫柔或太強勢，只想著怎樣把事情做好的我，眼中只有達標與超標這兩件事。

我的屬下會因此討厭我嗎？多數不會。

因為他們知道，當他們在工作上碰到困難時，我會霸氣地大喊：「事情來不及了，我來處理。」他們都知道我雖然嚴格，但永遠會救他們，而不是讓他們自己去死，這是我身為主管的責任也是對屬下的慈悲。

我不需要屬下覺得我溫柔，只要他們信任我就好。我不用對屬下和顏悅色，只要他們出包時我可以幫忙扛下來，他們就會感激我。當主管的人，心力要放在重點，而不是放在枝枝節節與糾結在某些沒必要的情緒上。

我想對所有的女人說，你如果很想在職場上往上爬，要提升的是自己的工作能力，而不是強調自己的女性特質（酒店業除外）。你在搶奪職場大位時，如果表現太溫柔，一定會被別人踩到腳底。

被外界評論為很霸氣、很強勢，沒什麼不好。這社會對女人有太多負面標籤，太多的限制。

讓自己在職場上好好往上爬，拿到想要的位子與薪水，把日子過好才是最重要的。其他什麼成為又美又溫柔主管這種夢幻泡泡，真的隨緣，有也好，沒有也沒差。

我從來沒聽過男性主管期待自己溫柔，甚至太溫柔的主管還會被嘲笑；反之，社會上卻期待女生當個溫柔的主管，她必須要像塑膠水桶一樣耐操好用，又要具備陶瓷花瓶一樣的優雅纖細，難度好高。

溫柔不是當主管的標配，當主管最重要的任務是不要讓公司倒閉或是部屬沉下去。我最愛自己做決定時的果斷，真是帥氣啊！我好愛這樣的自己。

在台灣社會，女生只要不是「溫柔婉約」類型，就會像是長歪的枝葉，社會上常用尖銳的評論來修剪你的枝枒，希望你長成柔順的模樣。古時候女生需要柔順，有其時空背景，因為她們要仰賴男生才能存活，現代的女生不可能只在家相夫教子而不工作。既然女生跟男生一樣在職場上奮鬥，怎會只期待男生有魄力，卻認為在同樣競爭環境下的女生要柔順呢？

時代不同了，女生本來就可以剛強，這是職場環境訓練出來的求生本事，請你不用要「裹小腳時代」的標準來要求自己。

即便已經來到二十一世紀，女生只要有腦、有個性、有想法，還會被議論說「這個查某一定嫁不出去」、「以後誰娶了她日子難過啦」、「個性這麼強，以後婆媳問題一定很多」，總之，老一輩對女生最大的詛咒，就是嫁不好！他們認為女生最大的價值就是生小孩。如果你接受這樣舊社會的價值觀，就可能成為討好不了傳統、卻給自己很大壓力的女性。

為什麼要接受這樣的綑綁？你的價值不應該只是用結婚生子來定義。如果一個社會，只會用「嫁娶」、「生子」、「溫順」來定義女生的價值，這個社會還有很大進步的空間，才能讓女生好好活下去。

身為女人，務必要有養活自己的能力，能養活自己，結婚才有底氣。賺得越多，別人對你的包容也會越多，「錢」才是讓你穿越傳統綑綁的利器，有錢才能無懼。

∷ 每摔一次坑，跌過一次跤，

你會逐漸長出堅毅的神情，更強的行動力。

被認為剽悍跟難搞沒有什麼不好，沒有利用價值才是最大的問題。當你可以提供別人好處與利益時，再難搞都不是問題。你可以人好，但務必要有剛強的一面，才能保護自己與家人。活在這世界上，想要痛快盡興過日子、過得精采，甚至在工作上有所成就，你要擁有可以跟人吵架，以及跟人和解的能力，缺一不可。

吵架只是手段，如何雙贏才是你必須思考的最終目標。

剽悍是一種能力，你要感謝老天爺給你敢吵架的勇氣。

每摔一次坑，跌過一次跤，你會逐漸長出堅毅的神情，更強的行動力，女生強悍往往只是為了拿到更多想要的東西。

現代女性要在職場存活，需要在沒有辦法時想辦法，沒有退路想退路，該爭取的時候就殺出一條血路。每個能幹的女人，背後都是經歷遍體鱗傷，才熬出與生活搏鬥的堅強。從過去只說「我不會」的天真少女，到變成把「我可以」掛在嘴上的強悍女人，中間得經歷多少蜿蜒與曲折的故事。

女人當然可以溫柔，但不是為了滿足社會期許，剛強與果斷同樣都是閃亮亮的勳章，值得女人抬頭挺胸戴在身上。

當你不再期待自己當個溫柔的主管，主管之路會走得順一點，將來發展也能更好一點，展翅高飛之前，怎麼可以先自己斬斷翅膀，你說是不是？

階段性夢想讓你的人生不受限

夢想這事情，當然需要一點堅持，但可能沒有人跟你說，夢想需要隨著你的格局不同，隨著人生階段的不同，去做調整。

「我們主管腦袋有洞，如果我沒排休假，大新聞就會一直是我寫，其他人都去處理一些輕鬆、好做的新聞。」阿竹在新聞部當編譯五年，年資深，難度高的新聞自然落在她頭上。

我不以為然地說：「你主管腦袋沒有洞，就是腦袋沒有洞才會做這樣的調度。如果我是你的主管也是這樣處理喔。」我不是替阿竹的主管講話，是所有主管都如此，誰有能力就派誰來解決問題。「能者多勞，不能者多爽」是職場常態，主管如果把任務交給天兵，就是自己收拾殘局，有腦的主管絕對不會這樣做。

縱然我可以把道理分析得頭頭是道，好像很成熟、很有高度，但換了立場來看，如果我的老闆一直把難處理的鳥事交給我，我的內心也會不舒服。人性就是這樣，換了位子一定會換腦袋。

阿竹頂著留學英國的名校學歷，畢業後有許多公司搶著要，她因為興趣決定去錢少又操的新聞部，「興趣」兩字真像卡到陰，愛到卡慘死。

不過卡陰也不會卡一輩子，陰魂總有退散的一天，阿竹慢慢地看到自己發展的瓶頸：「待了這麼久，又不受重視，我想知道自己還能做什麼？現在不換工作，年紀更大時就難了。」眼看升官無望，加薪也是杯水車薪，目前工作雖然上手，離養老退休的心境又太遠，此時，她剛好有機會可轉職到銀行業，也就丟了辭呈跟新聞部說再見。

也許，多數公司都有「外來的和尚特別會念經」的想法，在新聞部不怎麼被重視的阿竹，到了銀行業後，因為懂媒體生態又擅長拍攝影片而深受肯定。工作上手聽起來似乎是好事，卻也是開始覺得日子無聊，蠢蠢欲動的起點。

在銀行業五年，阿竹手中的金飯碗越來越穩，她在閒暇之餘開始經營粉絲團，慢慢地有點小成績，粉絲團讓她看到前途的新亮光，縱然那道光還隱隱約約，還是明亮了生活的風景。

有天，阿竹打電話給我，語氣顯得有點焦急：「大米，你能給我一點點時間嗎？有件事情我想問問你的意見，我已經去算過塔羅、八字，還是拿不定主意。」當你碰到一件事情會想去求神問卜時，準不準不是重點，而是代表你真的很在乎。

阿竹被挖角了，昔日的主管詢問她要不要去新的電視台當主管，她的心動搖了：「在目前的公司繼續待著，雖然有點無聊，但有時間經營粉絲團；去新電視台未來發展空間比較大，加上我沒有當過主管，混個主管資歷好像不錯。」阿竹的語氣中透露著躍躍欲試的喜悅，有一種千里馬終於遇到伯樂，大鵬即將展翅的興奮。

「阿竹，你幾歲了？」我問。

「四十歲，怎麼了？」阿竹語氣有點困惑。

「媒體業的生態就是很忙、很忙，忙到你沒有時間經營自媒體。你如果打算去媒體業尋找寫作題材，那邊是絕佳環境，牛鬼蛇神太多了，寫都寫不完，但你可能忙到沒時間寫。還有，在電視台工作，主管可能不喜歡你經營自媒體，你可能面臨二選一。我認為你選擇到媒體業工作，你就無法經營自媒體，因為媒體業太忙了。想要斜槓副業，最重要的不是你多有才華，多會時間管理，而是你要很閒。」我停了一下又繼續勸說：「更現實的是薪水，媒體業的中階主管薪水就是六到八萬，但自媒體如果發展得好，薪水月入百萬也辦得到，甚至有許多網紅月入可達三百萬，就看你要不要賭一賭碰碰運氣。」阿竹做自媒體已經有點成績，如果因此胎死腹中無法蓬勃發展，我覺得很可惜。

「你說得對！我應該是因為過去想在媒體業大展長才的夢還沒達成，所以才會想要回去圓夢。」聽我一說，阿竹似乎有點清醒了。

「不曾忘記二十幾歲的夢想，聽起來似乎很浪漫，但也代表你沒有成長。正常來說，當你的眼界開了，格局不同了，你想要的東西會不一樣。」

聽我講完後，阿竹像是頓悟了一樣，「我還是好好發展自媒體，似乎比較有前途，我不跳槽了。」阿竹想通後，果斷地做出新決定。

夢想這事情，當然需要一點堅持，但可能沒有人跟你說，夢想需要隨著你的格局不同，隨著人生階段的不同，去做調整。我以前很想去電視台當記者，但如果要我現在重操舊業去跑新聞，我真心沒辦法，為什麼？

第一、我衝鋒陷陣過，膩了也累了。即便是近身看國際巨星也不會讓我覺得興奮，我只想早點下班，謝謝。

第二、我年紀大了，身體沒辦法負荷高工時與高壓力的工作。

第三、媒體業已給不起我想要的薪水與自由了。

在我年紀很輕、還在當小記者時，如果公司不派我去重大新聞現場ＳＮＧ連線，我會覺得公司不重視我，不栽培我。但是，現在如果主管命令我，清晨五點去重大新聞現場連線，我會覺得是公司在整我，甚至憤而丟辭呈。同一件事情，感受卻如此天差地遠，是因為我翅膀硬了，我的身心狀況都不一樣，想要的東西自然也就不同了。

人生歷練會讓人看清楚現實狀況，不同階段，夢想會改變。隨著身心的變化，每個人當下的想望和需求都不一樣，頻頻回首過往，不如走好現在的路，因為你的現在就是未來，沒有現在就沒有未來。

有時候我們會想回去一圓年輕時的夢想，這是一種得不到的浪漫情懷，但如果像阿竹那樣仔細去分析利弊得失之後，你會看到更多真實的樣貌，甚至覺得自己當年在傻什麼？於是你會開始調整夢想，對於想追求的東西也會改變，這代表你進階了，變得成熟了。

PART 3

找到自己的人生頭條

允許朋友有說不的權利

當你能把自己對於別人的付出，
都認為是有去無回的布施時，
才能讓這些付出
不會成為日後折磨自己的心碎。

小如一見到我就霹靂啪啦狂說阿志的不是，細訴他的不夠意思：「我只不過要他幫我打個電話給建商喬一下折扣、多買一個車位，有這麼難嗎？他連電話都沒打，就說這個建案很熱銷，車位早就賣光。這情況我也知道啊，我只是拜託他出點力幫我多問一下，他卻只會講推託的廢話，枉費我過去對他這麼好！」

小如抱怨的語氣中夾雜著許多憤怒，她跟阿志交情很好，失望起來也特別深。

事情是這樣的，小如來台北工作多年，終於存到買房的頭期款，想買個房子在台北安身。最近她看上一個很滿意的建案，不論地段還是格局都很棒，美中不足的缺點是價錢太貴以及沒有車位。她靈機一動，想到好友阿志當房地產記者多年，過去常說跟建商老闆都很熟，她心想拜託阿志打電話幫忙喬喬看價格跟車位，應該不是難事。小如以為阿志會一口答應，沒想到碰了幾根軟釘子，阿志直說建商大老闆才不管這種小事，打電話過去說項挺失禮的。

「阿志也不想想，前幾年他家裡出事情時，我二話不說就匯錢給他，還幫忙找了立委來處理，出錢又出力，現在我只是請他幫我打個電話試試看，他什麼忙都沒幫，還說了一堆廢話跟風涼話，真是氣死我了。」

小如罵累了，宣洩夠了，我抓住她歇口氣的空檔提出疑問：「你有沒有想過，也許阿志是真的不好意思打電話給建商，你眼中覺得簡單的小事情，對他來說可能是難以啟齒的大事情。」在聽小如開罵時，我腦中也想起很多類似的往事。也許每個人的心中都有幾個忘恩負義的朋友，我們把自己的付出記得牢牢的，就算嘴上不明說，心裡倒也希望有朝一日對方能同等對待，甚至是湧泉以報。

「我知道他可能是不好意思，但好歹也應該去試試看！他過去有難時，我可是大力幫忙啊。」小如憤恨難平，她對昔日付出的恩情猶如肉包子打狗，有去無回，感到心寒。

早幾年，聽見這事情，我一定會陪著小如大罵阿志的不是，義憤填膺地一起痛批公審阿志，甚至還可能熱心過頭，公親變事主去找人幫忙打電話給建商喬折扣，如今的我，反倒能同理阿志的為難。

「小如，你跟阿志認識十幾年了，他一定曾經帶給你不少美好時光，你們感情才會這麼好。每個朋友能給你的幫助本來就不同，有些朋友可以陪你談心，有些朋友可以陪你玩樂，有些朋友可以資金往來，很少有一個朋友可以全方位具備所有條件，你要尊重每個人用他的方式回饋，你希望的回報方式，他可能給不起。」

我們常認為好友會知道你此刻有多需要幫忙，好友會懂你的艱難，好友會明白你的壓力，好友會知道你有多走投無路，因為你們這麼好，所以他一定會幫你，如果你總是這樣想，應該會常常受傷吧。

退回來想想，連我們自己都很難全方位滿足自己的期待，為什麼會認為別人可以完全滿足我們的需要？如果你想要完成一件事情，必須藉由別人的幫助才能完成，那我建議你還是算了，因為別人不見得會幫你，但你一定會生氣。

所謂的江湖道義，每個人心中的道義是不一樣的，有人認為「夠意思」的朋友是有通財之義能互相周轉借錢；有人認為「夠意思」的朋友是，當我生病時你能到醫院照顧我；有人認為「夠意思」的朋友是當我沒工作時，你能幫我找份工作，上述三點，能做到的朋友，不多。

在我成為黃大米發展還不錯時，收入也跟著成長不少。我的財務狀況良好，有一份穩定的工作，不錯的業外收入，日子過得安安穩穩。有天，我意外看上一間屋主急著出售的房子，需要立刻拿出一大筆頭期款，當時我有一筆收入款要兩個月後才會進到戶頭，交友廣闊的我，此時能短期周轉借錢的口袋名單，只有個位數，我會因此埋怨嗎？有過。但我冷靜下來想，這本來就是我自己的事情，別人借錢相助是情分，不借錢是本分，我就釋懷了。

在身體健康上，我曾經眼睛出過意外，短暫失明了幾天。我的家人在南部，當時能照顧我的朋友，也是個位數，我會感到心冷嗎？沒有。我只覺得這是很好的禮物，讓我能對於生老病死有更深切的體悟與準備。

君子之交淡如水，小人之交甜如蜜，我們需要小人陪我們吃喝玩樂，讓生活甜如蜜，我們也需要淡如水的君子，適時地給我們一些當頭棒喝與良心建議，但不論是君子與小人，兩者都可能做不到你心中「全方位的夠意思」。

所謂不期不待，沒有傷害，當你能把自己對於別人的付出，都認為是有去無回的布施時，才能讓這些付出不會成為日後折磨自己的心碎。施恩如果要求回報，一開始就要說清楚講明白，最好白紙黑字寫下來，如果不能做到這樣直接，保護自已不受傷的方式就是三個字——忘了吧。

別人對我們說的每一個「不」，每一個「拒絕」，不見得代表無情，也許他有他的難言之隱，甚至是衡量自身的狀況後，無法說出Yes。

舉個例子，我的好朋友小朱有次生病需要住院開刀，她不想家人知道後擔心，轉而詢問好友們，是否有人可以去醫院照顧她。當時，她的朋友中只有我允諾說好。是我最有情有義嗎？不一定，而是在所有客觀的條件下，我剛好是唯一能做到的人。

什麼叫做所有客觀的條件下呢？因為，有些朋友有家庭要照顧，自顧不暇。有些朋友很難跟公司請假，自然愛莫能助。有些朋友剛好在其他縣市出差，無法回到台北照顧她。而我單身無家累加上公司能體諒，因此成為唯一「夠意思」可以去病房照顧她的朋友，但如果不是這麼天時地利人和，如果我此時任職於很難請假的媒體圈，我想我也會對她說「不」。

一段感情不論是友情、愛情、親情，想要走得久，相處得舒服愉快，核心關鍵不是對他好，而是對他好之後，允許他有說「不」的空間。

每個朋友能給你的幫助是不同的，當你能理解到這點時，就能走出怨懟的深淵，也能讓彼此的關係鬆綁，讓對方喘一口氣。

聽完我的開釋，小如傳來了簡訊，上頭寫著：「謝謝你，我覺得很受用。朋友是有很多種的，每個都有不同的面向，如果沒有你的開示，我可能還要氣個二天，現在想通了也就不氣了。」

人人的頭條都不同

活著這件事情本來就沒有標準答案，
每一個跟你想法不同的人，
都能開啟你的一扇窗，
啟發你思考「原來這樣也可以」。

主管在會議上滔滔不絕講著公司的政策，小美的心思已經飛到天邊、海邊、無邊無際環繞世界一圈。她無心開會也不是一天兩天，只是最近嚴重了一點，她嘆了口氣，悠悠地說出心事：「好久沒有談戀愛了，唉。」

「你好久沒有談戀愛?!是七天嗎？七天沒談戀愛對你來說，真的太久了。」旁邊的同事聽到小美這樣說，睜大了眼睛詢問

小美被逗笑了，略帶不好意思地說：「幹麼這樣，我最近都沒碰到什麼好貨色，真的很寂寞。」

如果你有機會聽到小美的愛情史，保證大開眼界，聽得津津有味。她的外號

是聯誼皇后，一張可愛的臉蛋加上積極進取的求愛態度，猶如擁有倚天劍與屠龍刀般的功力，刀劍一起出鞘，凡是她看上的男生，八成以上都能手到擒來。偶爾也會有撲空失手追不到的男人，她繼續再接再厲，在這邊跌倒就在其他地方站起來。她只要有了新歡，就不會記得舊愛，連舊愛給的心靈創傷，都能靠新歡來撫平，喜新厭舊也是一種自我保護機制。有時我也會好奇地問小美：「將來結婚，你會老實跟老公說交往過多少男友嗎？」

「會說啊，只是不會說實話，數字會少報一點吧，大家不都這樣？」小美說得理直氣壯。

「報的數字少一點，是多少？」我隨意問著。

「三十個就好。」小美說出這數字時，有一種自廢武功的悵然。她的少，卻是我的天文數字，我的表情洩露了我的心情，小美反問我：「這樣還會很多嗎？這數字還好吧。」此刻，我覺得自己個位數字的戀愛經驗，有點丟臉，要怎樣才能追上這些數字呢？「唉，恕我無能。」我內心嘆息著。

小美戀愛功力高超，是過人的天分與才華，不是人人都能達到的境界。小美對男友從來不走誠實路線，對她來說無傷大雅的小謊言如果可以讓世界和平圓滿，這個謊言就是善意的，許多真相都太殘酷，說了會壞事，也會壞了關係。

一樣米養百種人，相較於小美在感情上游刃有餘，戀愛上我真的沒什麼傑出的表現，工作才是我的強項。我很敬業，為了工作可以忙碌到深夜，為了快速完成我連飯都可以不吃，為了達成目標我可以忍氣吞聲。我一度以為人人面對工作都是這樣敬業的態度，後來才知道，我錯了，每個人心中對於工作的序位是不一樣的，小美就不是一個工作至上的人。

小美是戀愛至上，只要能談戀愛，隨時可以把工作擱置或者擱淺。說個小故事給你聽。

在新聞部晚上六點是重頭戲，晚間新聞開播了。記者要趕在新聞開播前把新聞帶子做好，哪個記者遲交了就是失職，嚴重時甚至會記過，由此可知事關重大。小美當然知道這個規定，但知道歸知道，只要採訪現場出現帥哥，她就把新聞拋到九霄雲外，重大頭條又怎樣，耽誤小美談戀愛就是不可以。

「小美在幹麼，她做的新聞呢？她的新聞遲到了，後面新聞播出的順序都要調動，你管一管好不好，你的記者耶！」負責催帶子的主管過來對我碎碎念。

屬下能幹，主管沾光；屬下有錯，主管連坐。

我是小美的主管，這次的新聞調度很失誤，我怎會派小美去採訪有一堆帥哥的科技產品發表會呢？她看到帥哥就會失魂，心中的頭條就變成談戀愛而不是跑新聞了。

小美大腦非常清楚，從她的角度來看，任何新聞頭條都是過眼浮雲的小事，找到白馬王子才是自己人生大事。她是談戀愛專業戶且算盤打得很精：「我今年三十二了，這時候交往的男友可能一不小心就變成了終身伴侶，阿牛昨天跟我告白，我跟他說要考慮一下。」

看到這裡，你以為小美在思考阿牛的個性是否適合自己嗎？不，你太淺了。小美除了男友阿牛外，還有兩個往來密切的網友，彼此還沒見過面，小美打算先約出來見面驗貨，把阿牛跟兩個網友都比一比、秤一秤，再決定誰是世界上最適合她的人。小美不用靠魔鏡來告知王子在哪，她自己就是明鏡，一秒就能感應出對方速不速配。

小美最終跟阿牛結婚了，舉行了一場盛大的婚禮。婚後老公對她很好，唯一美中不足的就是必須跟婆婆同住：「婚姻沒有完美的，我在婆家勢單力薄，閉嘴傻笑才是聰明人。未來幾年，我要努力懷孕，生出一堆『自己人』，用小孩來穩住地位與擴大勢力，自己生的自己人最牢靠。」小美就是小美，永遠能看清楚情勢，真是不簡單。如果她活在古代的三國，應該是出色的軍師，不，應該是受寵的后妃，因為她就算投胎轉世三千次，也不會愛上工作。工作只是她找對象的跳

∷ 她讓我看到即使生活態度有別，
都能活得有聲有色。

板與工具而已。

我很喜歡小美，她跟我一樣都為了自己最在乎的事情努力衝刺、拚搏到底，只是我在乎的事情是工作，她則是愛情。我在她身上了解到生命的多元性，她讓我看到即使生活態度有別，都能活得有聲有色，我們如此不同卻彼此欣賞。

活著這件事情本來就沒有標準答案，每一個跟你想法不同的人，都能開啟你不同的視野，啟發你思考「原來這樣也可以」，他們像是一隻開籠鳥，讓你看見人生有不同的走法與過法，挺好的不是嗎？

比八點檔更鬧的戀愛

感情世界不論當時多愛多恨都會過去，
最重要的是你要好好活下去，
才有機會看到前方美麗的風景。

台灣這個重視學歷的地方，沒有一張漂亮的文憑，即便在社會上打滾出一點點成績，還是得花很多力氣才能讓大家相信你不笨。只要你有一張好的文憑，別人就會覺得你是個菁英。

「我希望拿到一張名校文憑後，大家就會閉嘴，甚至讚美我兩句。」這是我三十幾歲去念碩專班時的想法。我考上的學校，是傳播領域領頭羊的學校，我重回校園念書的原因就是來洗學歷，有一張漂亮的文憑，大家就不會認為我是笨蛋。

除此之外，還有一個目的：「我是來學校談戀愛找對象的。」我在新生自我介紹講完這段話後，同學鼓掌喧鬧，有一種好戲上場的感覺。我們班上的同學只有五個男生，三個已婚，一個吃素，一個似乎對女生無感。迎新茶會中，同學們還在熱鬧交流，我的眼睛巡視完眼前的「貨色」後，就想休學了。

「班上的貨色我沒辦法，同學要不死會，要不很怪，我休學重考算了。」走出餐廳，我急著打電話找朋友吐苦水，宣洩我的不滿與焦慮。

「學校科系這麼多，你不要為了幾棵樹，放棄了一整片森林。」電話那頭，朋友的規勸我聽進去了。

坦白說，就算沒有人勸，書還是會繼續念。人生很多事情都不是靠理智做決策，見好就收不容易，見爛就收更困難，多數是踏出了第一步，就會往下繼續走好幾步，直到走不下去為止。

我後來還是跟班上那位長期茹素的同學交往了，到底是日久生情，還是日久卡陰？或許是沒魚蝦也好，我一時之間很難判別清楚。

很多人都說，人在交往前跟交往後差很多，確實如此，百分百正確。

在交往前，吃素男跟我一起吃飯時，我可以吃葷食，他去其他地方買素餐。交往後就不是這樣囉，我必須跟他一起吃素，他每天跟我說吃肉有多罪惡，尤其婚禮上吃肉，所有的惡果惡報，都是新人在承受，也因此如果將來辦婚禮，一定要吃素。我對此番說法很震驚，困惑地說：「參加婚禮的朋友想吃肉怎麼辦？」他說：

「這樣死掉的雞鴨豬怨念，都會加在你身上。」聽完，我覺得自己宛如走入鄉土劇的場景，即將卡到陰。

我們交往時間很短，不到一個月，分手原因是，向來標榜吃素、存善念的他，瞞著我已有未婚妻的事。想來他也真的很善良啦，很感人、很貼心，這樣重要的事情，都沒跟我講，好險我跟柯南一樣精明，很快就發現（爆炸）了。

交往後，我就覺得不對勁，常有女生打電話給他，他接起電話後就狂罵對方。我困惑地看著一切，他的解釋是，女方愛他極深，苦苦糾纏，拒絕多次無效，讓他備感困擾。

後續奇怪的事情越來越多，我晚上打電話給他，他總是不接，過一會，他會在室外回撥給我。有次，我深夜打給他，又是沒人接聽，過了一會他回傳一封文情並茂的簡訊，強調有多愛我，真幸運可以茫茫人海之中遇見我。我看完他的長篇簡訊後回覆：「你現在身邊正躺著誰？」

一個深夜不接你電話卻可以回長篇簡訊的人，絕對有他的「不方便」。我想知道，前方還有誰卡位？而我又是排第幾位？

此時，他才承認有未婚妻，正打算去解除婚約。我對此非常震驚，給他一星期時間去處理，如果到時該斷不斷，就是我們之間說再見的時候了。在我們的愛情風雨飄搖時，我常收到他送來的玫瑰花，我覺得每束花都是在宣告他無力解決實際問題。

在這段日子，我知道更多關於他們的事情。他們同居，房租都是女生支付。女生工作表現優異，曾有外派機會卻為了他放棄。我知道越多，內心越不好受。

他在我面前打電話罵著未婚妻，分手的話說得堅決，也相當傷人。我對他說：「分手可以好好說，你不用這樣，你現在會這樣罵她，將來也會這樣對我。」

一星期內要解除婚約，談何容易，對三個人來說都是折磨，我對他提出了分手。他氣憤難平地質問我：「你除了站在道德的制高點上指責我外，你做了什麼？我已經在處理了，你難道不能多給我一點時間嗎？我愛你沒有錯，我已經在解決了不是嗎？我為了你做了這麼多，你做了什麼？」

這話乍聽很有道理，有道理個頭！如果他不欺瞞，就沒有這些有的沒的，不是嗎？

分手後，我很傷心，覺得自己怎會遇到這樣的鳥事。我回想著自己為愛陪著他吃素的這些日子，常餓著肚子走在街上尋覓素食餐廳，聽他講著因果輪迴。想著想著，悲從中來，覺得很多付出都不值得，我快步走進超商，買了一個肉包，大咬一口，覺得吃肉的感覺真好。

後來，吃素男在賭氣之下，一個月內就跟班上同學小艾結婚（非之前的未婚妻）。這段「閃電換三個女友」的愛情故事，轟動全班。

小艾初期和吃素男交往時很低調，她知道吃素男之前同時交往了兩個人，她是第三個。她不在乎之前這些混亂的過程，她只要是最終唯一的女主角就好了。

他們火速去公證結婚，小艾在拿到結婚證書後，一反之前低調的態度變得強悍。她寫了一封信寄給全班同學，信上寫著：「我忍無可忍了，我老公是個很善良、真誠、吃素不忍殺生的好男人，之前還幫我照顧生病的爸爸。我們雖然只有交往一個月，他的為人與付出我都看在眼裡，感動在心裡。他過去的感情事，都有跟我說。我心疼他因為個性太老實被誤解受苦，我老公對大米送花、送水果，只是南部人的熱情，沒想到卻讓大米以為我老公在追求她，一切都是誤會。」

我對於她捍衛愛情的這份決心感到敬佩，如果台灣拿這種打死不退的態度去反攻大陸，兩岸早就統一了。她讓我了解到，愛情這個賽局還是要盲目一點才能修成正果。我很有風度地回信給她，「你老公最愛你，祝福你們百年好合」，結束了這一回合。

我一直沒跟小艾說出一件事。吃素男在端午節帶你去見他的父母，原本的女主角是我，是我突然發現他有未婚妻，一怒之下不去，他才請你上場代打。而你在臉書上甜蜜分享了鄧麗君演唱的《我只在乎你》，這首歌我也很熟，因為吃素男也分享給我過喔。原來我只在乎你的「你」是複數，是我只在乎你們。這首歌是吃素男的把妹主題曲，真不知道送給多少人過。附帶一提，吃素男帶小艾去見完父母的隔天，他還送荔枝來公司給我，這種兩面手法真是讓我大開眼界。

我當時壓不住情緒，想戳破他的伎倆，在msn的暱稱寫著，「端午見父母，狸貓換太子」，每當我從msn登入，大家就會看到這個暱稱，真是太不給他們夫妻面子，真是太機車了。

後來，吃素男補請了素食的婚宴，據說場面相當感人，但他們的婚姻卻在沒有賓客吃肉、沒有害新人承受果報的罪惡下，三年後以離婚畫下了句點，阿彌陀佛。

聽到他們離婚我非常開心，有一種看到你們過得不好，我就安心的感覺，覺得世間還是有公理的。他們的婚姻陣亡的消息，如果讓我早點知道，我願意包白包。

後來每隔一段時間回顧這段戀情，都有不同心境與感觸。

一、感情世界裡多少都有委屈，你要知道自己為何委屈

我要談一場無瑕疵的戀愛，小艾恰恰相反。她鐵了心要把有瑕疵的戀愛走到無瑕疵，她深知混亂都只是過程，即便現在有所委屈，也終將用時間換來雲開見月

明的一天。她是感情界的韓信，忍受胯下之辱，換來名正言順的婚姻，不論這場婚姻存續多久，後來又為了什麼而離散，從敢爭取這個角度來說，小艾確實比我勇敢多了。

感情的世界裡面，多少總會有點委屈，當你願意委屈自己時，你要清楚知道你的委屈能換來什麼，如果能換到自己想要的，這個委屈就值得了。

二、結婚不難，想要百年好合不容易

交往時對方缺點或多或少都能察覺，但故意迴避或者視而不見，婚後這些個性上的差異就會冒出來，根本無法躲藏，考驗你能不能日日夜夜忍耐得下去。舉行婚禮不難，婚後朝夕相處過日很不容易。

據說小艾誓言在三十歲之前把自己嫁掉，她如願圓夢，卻在三年後離婚，這樣真的有比較好嗎?人生這條路，得到不是福，失去不是禍。禍福難料下，不要為了想結婚而結婚，不要為了年齡到了而結婚。你現在的妥協，將是你日後的折磨，不合腳的鞋子再漂亮，走路起來都是痛苦與辛苦。

三、闖禍後全靠女人出面收拾的男人，是沒肩膀的軟骨動物

素食男在事情鬧大後，無聲地躲在太太背後裝可憐與無辜，對外宣稱：「我管不住我太太，她要寫信給全班我也很反對，我攔不住，我拿她沒辦法。」

闖禍後沒有肩膀承擔的男人，會用很多理由，掩蓋自己的骨質疏鬆，讓你氣到吐血。

四、恩情比不上新戀情

素食男的未婚妻對他很好，在同居時付了房租費用，也照顧他日常所需，雙方很穩定地往婚姻的道路前進，如果素食男沒有來念碩專班，一切應該按照原訂規劃進行，但當環境變了，眼界開了，人心也就飄移回不去了，多年的恩情永遠比不上新戀情。

五、交往前對你不好，日後也不會對你太好

這篇文章的重點，不在於我離奇的愛情故事。而是男生婚前追你的所有花招與禮遇，婚後一定大大大縮水。所以，一個會在婚前對你很糟的人，婚後只會對你更糟。

婚前會虧待你的人，婚後會對你很好的機率比中統一發票兩千萬還低。嘴巴很甜的男生，大部分是凍酸哥，因為嘴甜不用花錢，把妹可以很省錢，他說了什麼，永遠比不上他為你做了什麼來得重要。

六、吃素不見得是好人

吃素跟人品無關，請不要以為吃素就是好人，刻板印象會害死自己，阿彌陀佛。以上是上大下米法師的開示，希望你受用。

轉眼這段精采的戀情，也已經過了十年，回首時已能笑看一切。感情世界不論當時多愛多恨都會過去，最重要的是你要好好活下去，才能有機會看到前方美麗的風景。

這段短暫的戀情確實讓我備受煎熬也備感壓力，我也因此休學了。我會後悔沒把書念完嗎？不會。文憑對於後來專注在經營自媒體的我來說，增色不了太多，我已經打造出自己的價值與品牌，我有足夠的信心即便沒有名校畢業的學歷，也能抬頭挺胸，活出一片天地。

如果當年我跟他結婚，不僅不會出現黃大米，我的人生也不可能像現在過得這麼好。結婚就像是二次投胎，必須好好評估風險，謹慎以對。

∷ 如果當年跟他結婚，

我的人生不可能像現在過得這麼好。

結婚就像是二次投胎，

必須好好評估風險，謹慎以對。

結婚大作戰

結婚從來不是人生的終點，
後續的日子
依舊是一連串破關與闖關的過程。

生命如同打一場電動遊戲，人人都有自己要過的關，我們總是注視著、放大著自己的難關，認為別人的人生都閃耀著亮光、色彩繽紛，甚至是輕而易舉。

宣宣就是活在別人羨慕眼光的幸運兒，電視台主播的工作讓她擁有社會地位，但忙碌的生活卻讓她感情空缺，「大家都以為我有很多人追，根本沒有。」旁人遠看的海面風平浪靜，唯有當事人才了解底下是如何暗潮洶湧，生命中的風雨與關卡，一如飲水，冷暖自知。

她單身兩年了，同學和朋友陸陸續續寄來的喜帖，成了「催促令」讓她焦慮：「為什麼別人都能輕易踏入禮堂，而我卻空窗這麼久？」「我常想著為什麼大家結婚了，只剩下我一個？好慌張啊。」宣宣常常有這樣的牢騷與困惑，更令人發窘的是她還常去兼差當婚禮主持人，哀怨之情更是油然而生。

「讓我們舉杯，向新人獻上祝福，大家一起說『一定要幸福喔』。」宣宣熟練地拿著麥克風帶動喜宴氣氛。她主持婚禮的資歷已經十五年，看過上百場的婚禮，「什麼時候我也可以有一場夢幻的婚禮呢？」為他人作嫁衣裳時，這念頭總會浮現出來，甚至有了小小比較的心態：「她這樣的條件，也可以有一個這麼愛她的人，為什麼我就沒有一個可以呵護我的人。」

單身的原因，不是自己有什麼錯，緣分未到的原因多數是工作太忙與環境中缺乏異性。宣宣猶如深山中的美人，即便氣質出眾，也無人聞問，大好青春就這樣靜靜流逝。

每個人的人生都有「一句話貴人」，需要天時地利人和，聽進去後，產生了行動，命運也就轉變了。

宣宣跟髮型設計師閒聊時提起等一下要去吃相親飯。設計師對她找對象的方式很不認同：「你怎麼不去下載交友APP？上面的人很多，選擇性廣，你可以滑到手抽筋。」交友APP?!設計師的建議，是宣宣從沒想過的，「滑到手抽筋！這句話很打動我，立刻下載來用看看，我一直滑一直看，就跟看履歷一樣，好有趣喔，我覺得好像進入另外一個世界。」她開心又讚嘆地說。

網路是個無邊際的海洋，什麼樣的人都有，宣宣碰到第一個男生來自殯葬業，兩人很聊得來。「一切都不錯，就是沒有那麼來電。」不來電就只好繼續找下一位，「我還碰過一位長得蠻帥的健身教練，我覺得他好像只是出來找學生，沒有要穩定下來。」交友軟體上人各有志，有些人只是想找個人陪，宣宣則是為了找終身伴侶，道不同不相為謀，謝謝不用聯絡。

「加入網路交友ＡＰＰ後，我見過七個人，沒有人認出我是主播，哈哈哈，應該也是我不夠紅啦。」在尋尋覓覓真命天子的過程中，宣宣總是盛裝赴約，失望而歸，「後期我已經滑到有點心灰意冷，有的已經出來吃了兩三次飯了，最終還是沒下文，讓我心好累好累。」

宣宣對於吃飯約會的重複輪迴感到無力，也對沒看對眼的情況越來越平常心，反正失敗多了，也就不差多一個。「第七個見面的男生是身高１９３公分的新竹科技業宅男，我自己做球問他：『你周末要幹麼？』沒想到他居然沒有接球順勢約我，我只好主動約他，心想沒差了，不差這次了。」

見面後，兩人聊天有一搭沒一搭的，直到約會快結束時，才進入佳境。「約會結束時我鬆了一口氣，覺得這個人不行，又得拿出手機滑了。」

出人意料之外，科技宅男193之後每天都傳訊息給宣宣，甚至在宣宣跟父母出國玩回來時，到機場接送，這點讓宣宣很感動，決定交往看看。經過一年的交往，兩人步入禮堂，而美女主播靠交友APP找到老公的事情，也一度成了媒體報導的焦點。

人生不論是一個人或者有伴同行，都有著許多挑戰，對於自己終於脫單，宣宣分享了自己的小撇步給大家參考。

一、狂滑狂找，設定聯誼進度KPI

工欲善其事必先利其器，靠朋友介紹總有貨源上的瓶頸，用聯誼APP讓宣宣的貨源可以不斷線，「交友APP上面的人，數量實在太大了，不論你眼光多高，都可以滑到不錯的對象，比去聯誼或者相親來得快。」

「我當時設定三個月內，每個禮拜都要認識一個男生出來聊天。」宣宣做事情向來積極，設定聯誼進度表，預防自己怠惰，即便網路上聊得來，還是需要眼見為憑，「我覺得見面最重要，在網路上即使聊天很愉快，但照片會騙人啊，約見面一定要約在人多的地方，就會很安全。」

除了狂滑交友APP，宣宣還多管齊下，常去參加活動，拓展交友圈，「我還去聽演講，就可以跟隔壁的人聊天，也因此認識了一些朋友。」

二、偶爾出現又消失的人，只是把你當備胎

「之前有個幽默程度媲美吳宗憲的男生，常常跟我聯絡一陣子後又消失，消失又出現，出現又消失……」宣宣跟「幽默男」約會過幾次，有時候「幽默男」隨口拋出一句「我們下星期六見喔」，宣宣都會認真把時間空下來，期待可以跟他見面，沒想到幽默男只是講講而已，讓宣宣感到心累。「等我有男友後，他又飄出來敲我，我跟他說，『我已經退場靠岸了。』」

交朋友本來就應該多看看，如果雙方對於進一步的認知跟節奏不同，就不要傻傻等待。雙方都來電時，彼此都會很積極，宣宣的老公科技宅男193，就算因為工作在身無法天天見面，也會每天跟宣宣說哈囉。

三、不要僅憑第一眼做判斷，多給對方一點點機會

宣宣對於科技宅男193第一眼的印象很普通，當時193穿得很隨意就前來赴約，直到後來第二次約會，他拿下眼鏡，將自己打扮了一下，才讓宣宣有來電的感覺。愛情裡，小鹿會亂撞，有了年紀的老鹿因為隔天要上班，外加坎坷的情路走

多了，老鹿只要撞兩下、踢兩下沒有回應，就會覺得累了。對此，宣宣覺得，應該要多給對方一點點機會，彼此有好感，需要一點點時間去挖掘，「我記得那次出國回來很累，他約我見面，我累到不想展開話題，結束時直接問他：『你願意載我回家嗎？』之後，他還是每天浮出來敲我、約我，幾次見面越來越了解，發現他更多的優點，感情也就變得深厚。」

結婚從來不是人生的終點，後續的日子依舊是一連串破關與闖關的過程，生活中總有不小的狀況題，等著她去破解。例如：有潔癖的先生無法接受她把垃圾留在家中，「我只要沒追上垃圾車就會壓力很大，他回來會說：『你倒垃圾了沒？你沒丟到垃圾！垃圾又得在家過夜了。』我以往過著每天追新聞的人生，沒想到婚後變成追垃圾車。以前我連線新聞，現在只要客廳有蟑螂出現，我就會打電話給老公，電話連線蟑螂在客廳繞境的畫面。」

婚後生活的甜蜜與其他滋味一起來到宣宣眼前。有次，她接了月餅的業配，有潔癖的老公規定食物不准拿到臥室，但由於臥室光線最適合拍照，她把月餅拿到臥室拍業配照，得意地把照片秀給老公看。老公一臉怒容地說：「你把月餅拿到臥室？」「你切月餅的刀子切完放哪？上面的小屑屑有掉下去嗎？」幾句話抹殺了宣宣認真拍照賺錢的努力，讓她覺得非常委屈，一度淚流：「婚姻生活是兩個人一起成為拆彈專家，要小心翼翼地去把會引起雙方吵架的線剪斷，要很冷靜、很小心地去處理。」經歷過生活風雨的考驗後，兩人感情也越來越深厚。她認為沒有天生適合的兩個人，而是在磨合的過程中，讓彼此有機會越來越合。

不論你是像宣宣一樣希望擁有一個婚姻，或者想要單身過日子，都可以擬定方法，逐漸往自己想過的生活靠近。婚姻是個選項，不婚不生也是一個選項，永遠不必固著哪個選項，永遠不要把話說死，讓自己保持彈性，才是真自由。當你能把日子過得開心，你就是完整無缺的人，心上無缺，什麼都不缺。

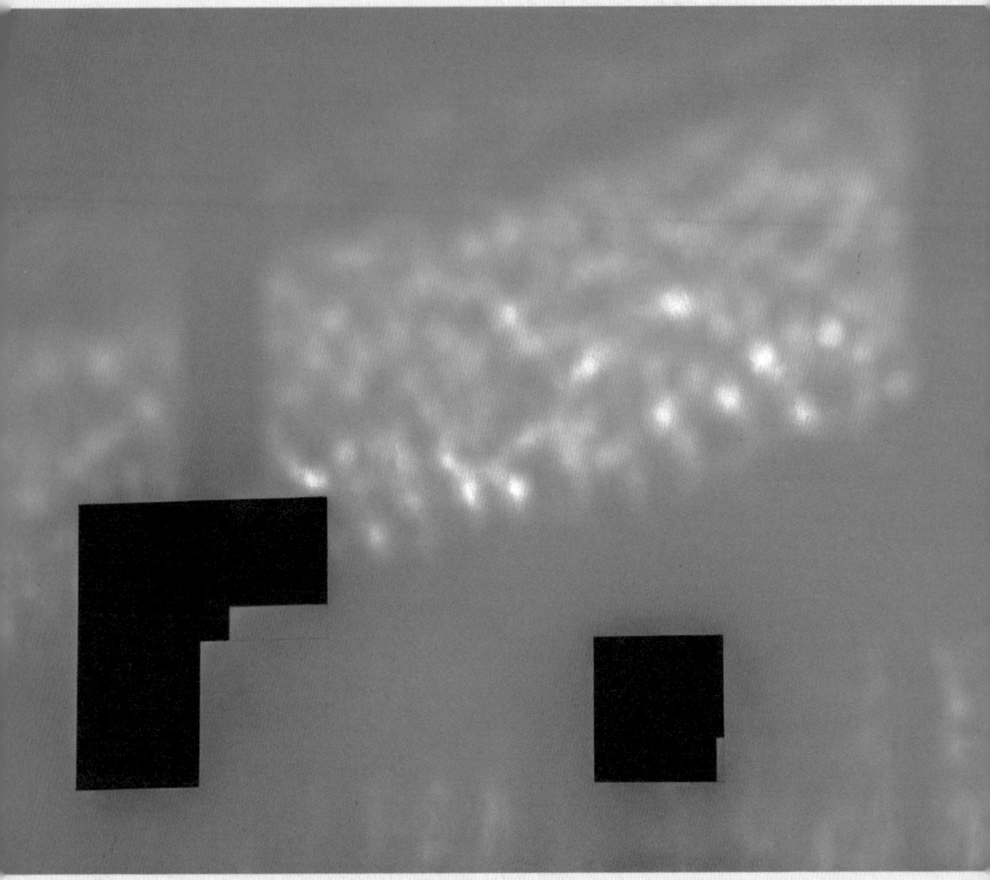

∶∶ 沒有天生適合的兩個人，

而是在磨合的過程中，讓彼此有機會越來越合。

串起又散落的貴婦夢

曾經只想依靠別人的小詩，
在人生一次又一次的挫折與打擊中，
長出強韌的個性與堅毅的靈魂，
她靠自己實現貴婦人生，
把命運掌握在自己手中了

「我不愛念書，大學四年如果能交到一個男友順利結婚，也就值得了。」小詩考上大學後，不是期待將來學以致用而是希望走入婚姻。她從南部到台中念大學，吊車尾考上法律系，可說是矇上的神蹟。大學四年期間，她一下想當空姐、一下想考公職、一下想當主播，時間一晃眼來到大四，遠大的夢想越縮越小，越來越務實，最後她只期待自己能提升英文能力。她決定到常有老外出沒的華語文中心打工，短短幾個月，她不僅把英文練得呱呱叫，還結交了已經考上會計師執照帥氣的美國籍男友 Peter，他的前途無可限量。

當時台灣的民風保守，異國戀情很難被家人接受。當小詩把 Peter 帶回南部，爸媽氣炸了，「美國人都很容易離婚耶，你還要交往？美國人會種族歧視，你會被看不起。」小詩爸媽對美國人的印象來自連續劇，他們把連續劇當新聞報導看，覺得荒唐的故事都將在女兒人生中上演。

在爸媽堅定反對下，叛逆的小詩乾脆改帶男友去墾丁玩，快樂的旅程換來難以收拾的局面，「我回家後被爸媽賞了二十幾個巴掌，比鄉土劇還灑狗血。我才不管爸媽怎麼想，就是要跟他在一起。」小詩愛得很深，深情背後也藏著想飛上枝頭當貴婦的小心機。

Peter 家境優渥，老家住在如童話一般的森林大豪宅，讓小詩對未來心生憧憬。對她來說，跟 Peter 談戀愛猶如投資績優潛力股，她想用青春當籌碼，一次梭哈：「男友是我人生的希望，往上爬的繩索，我要過嶄新的生活。」小詩決心要嫁，爸媽也攔不住。

對於女兒遠嫁美國，爸媽內心總是不捨，「婚宴上，我爸媽哭得死去活來，好像以後永遠無法再見面一樣。」相較於父母對女兒的難捨，小詩像一隻飛出籠的鳥，雀躍地期待能在藍天中飛翔，「我覺得嫁給他很浪漫，走路有風，我終於要實現去美國當貴婦的夢了。」

「我們交往時很真心，但沒有真正生活在一起，根本不知道會有多少生活上的磨合需要適應。婚結下去，坎坷的路都在後面等著我。」

童話中，王子跟公主結婚後故事就結束了。但真實生活裡，當愛情走入婚姻，戳破了粉紅色的泡泡，沾染了日常瑣事的塵埃，愛情光澤漸漸褪去，代之而起的是灰頭土臉。「婚後我們常起口角，Peter同事的太太們婚後都還在工作，有的收入還很不錯，他常常拿我跟她們比，逼問我『你什麼時候要去工作？』、『你一整天在家，做了什麼事情？』他覺得我在浪費生命，開始嫌棄我，看不起我。」寄生在別人身上的幸福，當宿主不想被寄生時，就引爆生存危機，但對小詩來說，依靠別人的生活方式縱然不踏實，卻輕鬆到讓人戀戀不捨。

小詩面對先生的嫌棄，思考的不是如何找工作，而是如何繼續賴活著。「我只要生個孩子，就不會被他逼著去上班。」小詩對於自己的人生沒有什麼規劃，倒是在盤算如何依附別人活下去上，顯得深具謀略。在精算之下，順利生下可保住她「家庭主婦」位子的小男孩。媽媽在家帶小孩，不僅合情合理也是一份不輕鬆的工作。

Peter的個性很務實，學生時代就來台灣學中文，回到美國後順利在會計事務所工作，此時，大陸市場開放對外貿易，他急著想到中國發展卡位，深怕慢了一步就錯過大好的機會。

他爭取到去北京的工作，搭著商務艙，帶著妻小到中國過起上流社會的生活，小詩的人生再次進階，「我們來往的人都是國際級白領菁英，當時中國給外國人很多優惠、很不錯的待遇，我住在好大的花園別墅，家裡有傭人打理，我靠著結婚這條捷徑，一下子就變成貴婦。」

豪宅、傭人、名車，什麼都有了，小詩的精神卻空了，空到只剩下四個字——苦不堪言。

「他再次拿我跟公司的女同事比較，用言語羞辱我，我們一天到晚吵架、打架。打人這種事情會上癮，他出手越來越重，我在中國那兩年是我最瘦、最憂鬱、最不快樂的時候。」氣派的別墅裡，誰也沒想到，王子跟公主過著互毆的日子。

Peter跟小詩曾經愛得堅決，昔日相戀的校園是座城堡，讓愛情純淨無汙染地生長。但婚姻生活中的柴米油鹽處處都是隨時會引爆的地雷，將彼此炸得粉身碎骨。人跟人之間都需要磨合，環境變了，又得再磨合一次。每次的磨合都是考驗，像是一面照妖鏡，將兩人真實的個性一一現形。

雙方越來越不掩飾對彼此的不滿，Peter從陽光開朗的少年變成易怒暴躁，小詩從甜美少女轉變成敢嗆聲的婦人，曾經最愛的人，變成最看不順眼的人，關係也降到冰點。在某次爭吵後，小詩毅然決定帶小孩回台灣。

:: 人跟人之間都需要磨合，

每次的磨合都是考驗，像是一面照妖鏡，

將兩人真實的個性一一現形。

回到台灣，小詩已經二十九歲，職場經驗值零。她連電腦打字都不會，到電腦補習班補習後才有勇氣投遞履歷，順利應徵上食品廠的總經理祕書，工作很閒，但沒想到一個月後，公司宣布要外移去大陸，她就被裁員了。第一份工作就遇到裁員，小詩的不安化成止不住的淚水：「我回家後一直哭，我什麼都不會，真是最沒路用的人。」婚姻受挫又被裁員，小詩自尊心潰堤，連自己都不相信未來還有什麼可能性。

小詩從大學畢業後到二十九歲，人生都是租借來的光鮮，她像是午夜鐘聲後的灰姑娘，華服、宮殿如夢境一般，醒來後什麼都沒了。

逃避雖然可恥但有用，小詩決定帶小孩回去找已經離開大陸返回到美國的丈夫，但她連去美國的機票費都籌不出來，靠媽媽支助才能順利成行。此時Peter的處境也不太好，他被公司開除回到美國後，整個人像是被抽走空氣的人型氣球般一蹶不振、癱軟地活著。「Peter一直不去找工作，我也沒有一技之長，我們借住在他爸媽的房子，每天吵架。森林別墅還是森林別墅，但我已經從過去的十分嚮往變成很想搬出去。」

相看兩厭、瘋狂吵架的生活，讓兩人成為彼此的地獄。分秒都難熬的日子，小詩決定搬出去住，好心的房東同情她沒有收入，將雅房租金從四百降到兩百。

「我住在外面的第一天醒來，發現終於沒有人跟我吵架了，真好！房東是我的貴人，貴人就是在你最需要的時候，給了你最想要的東西。」為了養活自己，小詩四處丟履歷，應徵的職務五花八門，從祕書、超商店員、速食店統統都去試，統統都沒有回音。

也許是天無絕人之路，她的轉捩點就在一則不起眼的分類廣告上，某個公司需要能精通中英文的採購助理。那則徵人啟事，讓她走上採購的職涯。

刊登徵人廣告的是家貿易公司，當時中國正在崛起，人工與原物料都物美價廉，深具國際競爭力，許多國外公司紛紛將目光看向中國，成為投資淘金客的新大陸。貿易公司上上下下，只有一個來自台灣的杜先生會說中文，他負責幫公司尋找成本較低的中國供貨商，四處去開發廠商，業務越來越忙，忙不過來下，才在分類廣告上找助手。「杜先生把我當作他的私有財產、專屬下人。當時我什麼都不會，連影印機也不會用，杜先生教我的第一件事情就是學會使用影印機。」小詩的職場競爭力超低，她唯一的優點，就是乖、聽話、不靠夭、不抱怨。

杜先生防備心很重，他不讓老外同事跟中國貿易商直接聯絡。對他來說，掌握中國供貨商就是握住保命符，掌握資源就能穩住位子，「杜先生常說：『公司裡的美國人都得透過我，才能跟中國供應商聯繫，把雙方的溝通管道阻擋住，就是我

的生存之道。』」小詩把一切都看在眼裡，

杜先生對小詩更是處處欺負，把打壓當管理。每次小詩詢問工作上的事情，杜先生看她的眼神充滿不屑，一開口就是羞辱，「他常說：『你用腦筋想一想，用你的腦子啊，你沒有大腦嗎？』有一次，我牙痛得不得了，想請假去看醫生，杜先生說：『看牙醫是你自己的事情，你怎麼可以提早走？你不能忍耐到下班後才去嗎？』」

生病看醫生不准假很扯，更扯的是杜先生連小詩上班喝咖啡的速度都要管，「我習慣一早進公司後，邊喝咖啡邊處理信件。杜先生會說：『你這樣一口一口慢慢喝咖啡，是在偷懶休息嗎？上班喝咖啡，你要大口灌下去，一大口就喝完，知道嗎？』他隨時都在給我下馬威，把我當家奴使喚。」

杜先生知道小詩很需要這份工作，薪水雖然低，卻可以讓她有收入，還可以讓全家得到政府的醫療保險，「我老公從大陸回來後身體有異狀常拉肚子，需要有保險才看得起醫生。我們雖然沒辦法一起生活，但我還是愛他，也因此不管杜先生怎麼折磨我，怎麼給我小鞋穿，我都要繼續撐下去。」

小詩日子過得憋屈煎熬，艱難的環境，逼出學習的動力，「我像海綿一樣四處去學去問，工程部的同事、倉庫的同事，他們都很願意教我，我學到扎實的外貿採購知識。」隨著小詩專業能力越來越強，日子也得到舒緩，另一方面杜先生也察覺小詩個性溫順對他不具備威脅性，彼此的關係也好轉了一些。

職場的得意與失意往往是瞬間就風雲變色，公司高層們察覺杜先生把持供應商的做法，決定聘新主管，架空他的職務，「杜先生過去過得太順利、太威風了，他受不得委屈，覺得自己能力這麼強，才不要忍受鳥氣，離職出去闖，一定能創造人生新局。」杜先生離職後失業了很久。他低估了公司招牌的附加價值，昔日的備受禮遇都是因為有公司光環的加持，人走茶涼，他現在什麼都不是了。

杜先生走了之後，小詩又在公司做了兩年。她在採購的專業上已經很厲害了，但每次升遷總沒有她的分，她對此感到憤憤不平。「老外認為亞裔女子就是很乖順，我主動去敲了人資的門，列舉四年多來我對公司的貢獻，問人資為何升職總輪不到我？人資說：『因為你是個媽媽，沒辦法全心全意替公司工作。』我就告發人事部門歧視，經過這樣一鬧，我就從助理升為專員。這次的升遷是自己爭取來的，頭銜變好聽後，我就開始丟履歷找工作了。」

「不久，我收到一個面試通知，它是全世界百大的企業，員工流動率很低。我在這裡仍舊擔任採購員，只是不再做中國的生意，我終於不是依靠中文而是用專業能力跟美國人一起做這份工作，它也是我待過最好最棒的公司。」

小詩本想在這家大企業做到退休，無奈計畫趕不上變化，金融海嘯的大浪一來，全球性的公司也撐不住，「我沒想到這麼好的公司也會有裁員的一天，二〇〇九年十一月我被無預警裁員了。」小詩領到一筆遣散費和失業救濟金。

「我的世界一時之間又崩塌了。我重新開始積極投遞履歷表，終於在領了四個月的失業金之後，找到了第三份工作，擔任一家直升機製造公司的採購員，這家公司離家很遠，通勤時間單趟長達一小時，年薪還比上一份工作少。我沒有其他選擇，那是我找了這麼久唯一的工作。我有房貸要繳，有孩子要養，在這麼不景氣的時候，還能找得到工作，已經是非常幸運的事了。」

小詩的老公Peter從大陸回來後不再出去找工作，人生的際遇從雲端跌落到谷底，「一個人如果長期失業待在家越久，越會失去鬥志越不想出去工作，他栽入宗教世界，甚至不讓小孩上學。有天，小孩一直哭著說，『我都沒有朋友，我都沒有朋友』，我聽了心很痛。為了孩子的未來，我下定決心要離婚。我沒錢請律師，就自己翻看法律書籍研究，去法院填表格，把離婚這麼複雜的事情辦成了，也爭取到小孩的監護權。」

人生的際遇，多數的後來都是當初意想不到的。二十幾歲時，小詩視為能將人生鍍金的白馬王子、閃閃發光的異國婚姻，最後卻是她用盡力氣想逃離的枷鎖。

小詩繼續在「遠得要命」的公司工作，過著通勤到快往生的日子。某天，她接到獵人頭的電話：「這工作從你家開車到公司只要十分鐘，如果你有興趣的話，請打電話給我，我們覺得你是最適合的人選。」新上門的工作職務是採購經理，每年可多次到中國出差。這個面試機會讓小詩覺得像是中了頭獎一般雀躍，「職務內容像是為我量身訂做，當時我已經四十七歲，最高的資歷就只是個小專員，我從來沒有機會晉級當經理人，我想試試看，賭賭看。」面談後，新公司對小詩很滿意，給了年薪八萬美金的好待遇。

在小詩任職前，發生了一個有趣的小插曲。「我接到好久沒有聯絡的杜先生電話，他說：『小詩，我聽說你要去新公司工作，這家公司很不好，你不要去。你要任職的工作是我老婆在做，你去了我老婆就必須走路。』我跟杜先生說：『我還是想去。』他惱怒地說：『我老婆已經六十歲了，這份工作沒了，你叫她去哪裡找工作，你自己看著辦。』」

「他老婆聽到我要去的消息，自己先憤而離職，他們夫妻倆都很容易意氣用事。他老婆年薪十五萬，相較之下，年薪八萬的我。是便宜又大碗。」風水輪流轉，昔日虐待小詩的杜先生，怎樣也沒想過，那個他瞧不起的屬下，有一天不僅翅膀硬了，還搶走了他老婆的工作，命運的安排巧妙到令人驚嘆。

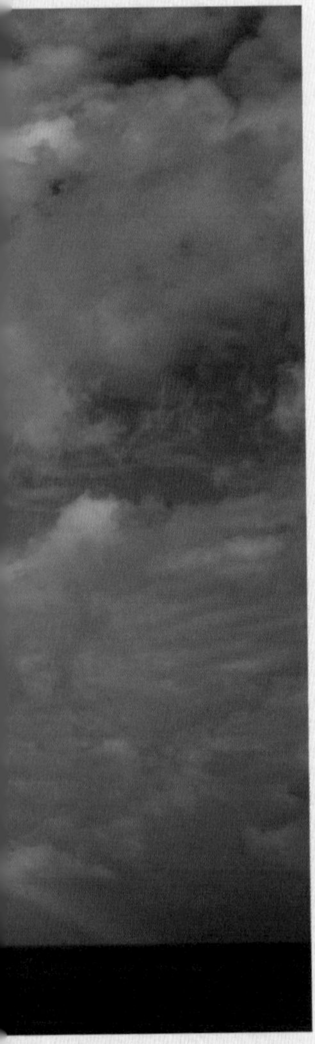

∷ 人生的際遇，

多數的後來都是當初意想不到的。

在一次又一次的挫折與打擊中，

她長出強韌的個性與堅毅的靈魂，

把命運掌握在自己手中。

小詩擔任採購經理後，職場之路像是從慢車搭上了高鐵，變得一帆風順。她常常去中國出差，搭乘商務艙，住五星飯店，走遍大江南北、上海、廣東、山東、杭州，眼界大開。

幾年後。小詩從經理升官為協理，她說：「這次的升官也是我自己爭取來的。在我努力工作之下，我的房貸快付清了，也養大了小孩。老大今年二十八了，老二已經結婚，讓我當阿嬤了。我前夫依舊沒工作，而我實現了當貴婦的夢，不同的是這次的貴婦夢，是我自己腳踏實地完成的，哈哈。」

曾經只想依靠別人的小詩，在人生一次又一次的挫折與打擊中，長出強韌的個性與堅毅的靈魂，她靠自己實現貴婦人生，把命運掌握在自己手中了。

可怕或可愛都無妨，重要的是——

人活在世上，最重要的是討好自己，
其次是討好最重要的人，
最核心關鍵的人，而不是討好所有人。

「我再也無法跟不受控的網紅合作！大家最喜歡的那種超自然、不做作的網紅，往往就是最難配合、最難搞的人！」「所謂的做自己，等於很自然，等於很難搞，我恨透了！」

看到擔任行銷工作的朋友在臉書上寫的這篇抱怨文，讓我大笑很久。大咖的網紅多數都很堅持做自己，「做自己」是一句聽起來很帥、很真的話，但也代表不太考慮別人的感受與立場。我常聽到行銷圈或公關圈的朋友私下抱怨某些網紅、明星工作態度不佳，內容都很勁爆。

「你知不知道，我們公司上次跟那個標榜清心寡慾的甜美女明星合作，她對外宣稱長期茹素，結果中午吃飯訂的居然是雞腿便當！她超難搞，要求一堆，我氣到想超渡她。」

「網紅不是都很愛標榜做自己嗎？做自己也要看場合好嗎？上次找了個網紅做直播，她在介紹產品時居然給我哺乳耶，觀眾統統忙著看她哺乳，怎麼還會聽她怎樣介紹產品？」

「有些大牌網紅很會搞消失，明明都簽了合約，談好何時露出商品，溝通過程中常常已讀不回，我們聯絡不到她，然後她卻出現在粉絲團上拚命直播，你說氣不氣人！我都想去留言說：『你很不負責任！』但我忍下來了。我下了最後通牒，要對她採取不履約的法律途徑，她就乖乖出現了。」

人氣網紅遠看都很可愛，很多行銷人員近身接觸，才感受到她們的可怕。一提到網紅，行銷人員滿肚子苦水，我雖然可以理解他們的抱怨，但其實我自己可能也是被廠商認為難搞的那種人。

為什麼我不能對廠商隨和一點、聽話一點呢？因為這樣我就會完蛋了。

如果我為了錢，對廠商的話照單全收，推薦不好的商品，說假話，我的信用會打折扣。等到粉絲們因為失望而離開時，廠商也不會再找我了，廠商只是我一時的老闆，粉絲才是我長期的老闆。

廠商花大錢找網紅，不是因為網紅的才華或者出眾的外表，而是因為他的人氣。在這世界上有才華或有外表的人太多了，但有人氣，你的才華跟外表才有經濟價值。粉絲越多、信眾越多，代表網紅越具影響力，喊水會結凍，價碼自然高。如果有一天網紅的人氣不再，就算配合度再高，價碼再低，廠商也不會理你。

很多時候，我們看一件事情可愛或者可恨，都是因為立場不同，不見得是「對」與「錯」。所以不要在乎別人覺得你可愛或者可恨，掌聲與辱罵都是過眼雲煙，更重要的是你要學會，在人情冷暖評價不一的洪流中，知道自己最在乎什麼？自己的核心價值與競爭力又是什麼？

評價不一、看法不一、觀感迥異，不是只有針對明星，上班族也會面臨這樣左右為難的情況。

朋友任職在大企業，每個專案都需要跨部門合作，公公婆婆多，意見也跟著多，常常讓我朋友失去方向。

我提醒朋友：「你的老闆只有一個，就是能打你考績的人。其他人無權決定你的升遷與薪水，他們的意見，你聽聽就好。」

人生路上，我們都是寓言故事《父子騎驢》的主角，父子牽著一頭驢，應該讓爸爸騎還是兒子騎，還是兩人都不要騎，總會有人在旁邊七嘴八舌出意見，如果想討好全世界，你就會被全世界耍得團團轉。

人活在世上，最重要的是討好自己，而不是討好所有人，當你想討好所有人時，你不僅討好不了大家，也會失去自己。

你自認很可愛的特質，可能是別人認為很可怕的部分。可愛或者可怕都是假議題，你要永遠知道你的老闆是誰，誰可以決定你的前途與錢途。別人評價你可愛或者可恨都沒關係，堅定自己的方向與態度才是最重要的。

安全不是人生唯一道路

人生路上，
你不能怪別人左右了你的道路，
是你選擇妥協，願意接受控制，
才讓自己的路轉彎。

早上十點多，我家附近的河堤旁總會出現一群幼稚園小朋友的身影，老師帶著他們出來走走，小朋友們乖巧地排成一隊，手上牽著一條線，安全又有秩序，小朋友只要握住線，就能平安返回。如果有小朋友突然想看看其他地方的風景，試圖脫隊，就會遭到其他小朋友的通報與老師的制止。

乖巧的小朋友，回去後可得到獎賞與肯定，反之就會得到懲罰。這樣的遊戲規則，不只是在幼稚園實施，家庭、公司多數運行的規則統統如此。

你要乖乖聽話一輩子嗎？不論你是誰，你多乖，總有一天都會脫隊。

儘管每個人脫隊的時間不同，我們都會從處處被別人安排的乖寶寶變成想走自己道路的人，在羽翼豐滿、翅膀硬的時候，就會想飛了。

人生是一段又一段背離的過程。父母把小孩養大，小孩就想要獨立；公司把菜鳥栽培好，他就跳槽了。不是不知感恩，而是每個人都想從依附的角色，變成能作主自己的人生。

職場上也是如此，小潔跟我同期進入電視台當記者，她能力好態度更好，身為一隻好用的菜鳥，她常常收到許多從天上掉下來的爛攤子。

有次，深夜我回公司拿東西，看到她還在加班，臉色慘白，我問她怎麼不回家？她邊忙邊說：「事情還沒做完，主管臨時交代縣市首長大選的圖卡要我幫忙製作，我還在找首長們的照片。」她的回答讓我很心疼，這種臨時性的爛攤子，主管總是會來凹她。

幾年後，小潔跳槽了，也順利坐上主播的寶座，在播報多年後，知名度與人脈累積足夠，自立門戶成為自由接案的主持人。昔日的主管在創業後，詢問她是否願意加入，給的職位是「臉書小編」，薪水三萬六。小潔對職務與薪資很錯愕，她也已經擁有多年主播的資歷，怎麼還會給她這樣的薪水與職務呢？前主管則毫不覺得虧待，因為他對小潔的印象，還停留在她是小菜鳥的階段，沒有意識到她的身價與資歷已經不同了。

⁚ 人生是一段又一段背離的過程。
每個人都想從依附的角色，
變成能作主自己的人生。

職場上如果不曾勇敢叛逆出走，即便有天已經擁有蛻變成天鵝的實力，還是會被大家當小菜鳥與醜小鴨。

如果你在一家公司從基層做起，即便能力好年資又久，薪水常常還比不上外面挖角來的新員工。而公司裡比你資深的哥哥姊姊，則永遠把你當小妹使喚，讓你不得不轉身離去，透過跳槽來證明自己的身價已經不同了。

場景換到家庭也是如此。當你還是孩子時，任何事情都是父母說了才算數，甚至你表達了意見也會被漠視，等到有天你堅定不聽話、鬧家庭革命時，父母也許會氣惱，但也可能因此才發現你長大了，會開始尊重你的想法。

走自己想走的路，注定比較辛苦，卻也比較盡興與甘願。聽別人的話、追隨社會價值，可能比較安全，但也比較無趣。這情況很像是一隻被人餵養的籠中鳥，不愁吃不愁喝，什麼都有了，卻失去了翱翔天空的自由。

我的朋友阿杰是個辯才無礙的人，從小的志願就是當律師，他的爸媽都是校長，內心總期待阿杰將來當老師。爸媽希望他日子穩妥，順順地結婚生子就夠了。大學選填志願時，阿杰首選是法律系，讓爸爸很擔心地找他長夜懇談：「法律系畢業後還要考證照才能當律師，萬一沒考上，你壓力會很大；如果選師範大學，一畢業就有工作，我跟你媽媽比較放心。我們在教育界也有人脈可以照顧你，你只要乖乖聽話去當老師，我們就在學校旁邊買一間房子送你，讓你大學四年住得舒舒服服。」

阿杰內心動搖了，念師範大學就是拿到鐵飯碗，爸媽還給房子，這條路似乎比較輕鬆，他聽話地改了志願。畢業後，他順利成為老師，日子也沒有不好，只是內心總有點小小的遺憾。

人生路上，你不能怪別人左右了你的道路，是你選擇妥協，願意接受控制，才讓自己的路轉彎。每個被控制的人，可能都因為願意乖乖被控制而拿到了一些好處，例如：物質的獎賞、金錢的報酬、孝順的美名、繼承父母的人脈與資源等等。

當你願意交換時，別人才換得動。因此，誰最有本事摧毀你的夢想，答案是，你自己。誰能實現你的夢想，答案也是同樣的三個字，你自己。當你對於前進的方向不夠堅持時，別人就可以輕易地干擾你、影響你，你就會漸行漸遠，無法抵達原先的目的地，從此只剩下遺憾。抱著遺憾過日子也沒有什麼不行，改了道路只要懂得欣賞沿途的風景，也是可以，最怕的是邊走這條路，邊沿途埋怨這條路。

有句廣告詞說：安全是回家的路。但安全卻不是我們人生做決定時，唯一的道路。你一定要記得這一點。

:: 安全是回家的路。

但安全卻不是我們人生做決定時，唯一的道路。

你是世界的中心

當你能夠自我肯定時，別人的目光就不會再燒灼你；當你能說出我覺得很好時，世界也會很好。

從開始寫書之後，我總是想要拿一個獎項來證明什麼：「如果能拿一個文學獎該有多好，最好是拿到林榮三文學獎。」分不清楚是好強還是欲望，是上進心還是自卑感，我只知道「文學獎」三個字像是百憂解，可以讓我好過點、舒服點，腰桿打直點，讓自己的文字如同被明媒正娶，不再遮遮掩掩，站上舞台的中央，而不是插科打諢的跑龍套。

我非常想拿獎，因為「暢銷書作家」這五個字，總有點銅臭味，我想要叫好也叫座。書籍暢銷的作者，因為已經叫座自然會想追求叫好，相同的，獲得無數文學獎肯定、大家對其文字功力叫好的人則會渴望叫座，到手的幸福顏色比較黯淡，沒拿到的勳章總在心中閃亮亮。

也因為我本身對於獲獎的渴求，那些拿過林榮三文學獎的作家，都成為我膜拜的偶像。我像個土財主似的搜集購買得獎者的書，書有沒有看完不重要，買了才安心，放在書櫃上就是上進。我最瘋狂的一次是花兩千元買了原價兩百元的絕版舊書，售價翻漲十倍，我也不覺得貴。每一本書都是一尊神，請回家好好膜拜，文字功力一定可以大增，結果是書櫃快被塞爆了，文字功力也沒增進多少。瞎買的結果是，連重複購買也不知道，直到清理書櫃時，才發現居然有雙胞胎。

所有的追逐，都會有疲憊的一天，我的疲憊來得又急又快，畢竟我這輩子最大的堅持就是「堅持三分鐘熱度」。文學獎的夢，如同在青春期發下豪語誓言追到校花的男同學，嘴上說說，大家笑笑，一切結束。我在買了這樣多「得獎作品」後，就覺得累了，連投稿參賽也沒有，壯烈地決定放棄，我在內心起高樓，我在內心樓塌了，腦中的小劇場曾經千軍萬馬，最後馬都還沒出征就宣布告老還鄉。

從小老師都教導我們凡事多堅持三分鐘，也許結果就不同。堅持下去是一種選擇，但見不好就收的斷然放棄也挺重要的，不果斷認賠殺出，破網慢慢變大，就會遺憾終身。

堅持與放棄，都是在校正的過程，在人生路上缺一不可。

到底發生了什麼天大地大的事情，讓我放棄追逐文學獎的念頭？沒有，什麼事情都沒發生，好像就是有陣子比較忙，忙到沒時間看林榮三文學獎的相關訊息，然後我就忘了。有天突然再想起時，也不太在乎了。

這個不在乎，有一部分是我擁有的東西越來越多，擁有的粉絲越來越多，擁有的邀約越來越多，越來越多的合約，越來越多細細瑣瑣的事情。我像是突然擁有了一個玩具反斗城的孩子，也就遺忘了曾讓自己趴在文具店外櫥窗觀看的那隻可愛的小恐龍玩具。我的日子豐盛了，擁有多了，對於沒得到的東西也不在乎了。大海從來不會因為少了一瓢水而患得患失，但當我只是半桶水時，每一瓢水都顯得舉足輕重，少了一點點內心都會痛。

如今，我的想法改變了，覺得得到文學獎很棒，得不到也無所謂，當然也可能是我突然有自知之明，了解有些事情就算拚命去努力，也不見得能得到。天分這種事情，是老天爺賞飯吃，倘若總是吃碗內看碗外，會讓日子過得比較辛苦，我不如就好好做自己擅長的事，好好地經營粉絲團，好好地上節目，得不到的桂冠還是美好，但我手上的幸福已經夠閃耀了。

多數的時候，我們都在找尋一個人生的定位點，讓自己可以安身。這個定位點一開始是來自別人的肯定，一句讚賞的言語，一個嘉許的眼神，一個榮耀的獎項，一張漂亮的文憑，甚至是一張愛情證書，好像非要透過這些東西，才讓身而為人的人型氣球可以充飽了氣，昂首闊步走天地。那些得不到的東西，像是在人型氣球上戳了無數個小洞，嘶嘶嘶的漏氣聲在心中無限放大，讓人垂頭喪氣。

有天，你會知道，當你能夠自我肯定時，別人的目光就不會再燒灼你；當你能說出我覺得很好時，世界也會很好。你是世界的中心，你是世界的主宰，你不是擁有太少，而是忘了凝視手中的幸福。

∷ 你是世界的中心，你是世界的主宰，

你不是擁有太少，而是忘了凝視手中的幸福。

跋／謝謝你造就了我

距離上一本書，又過了兩年，兩年來發生了很多事，我換了三份工作，從人力銀行的編輯總監、新聞網站主管、大學新聞中心執行長，看似春風得意的轉職，殊不知都是一次又一次地被迫離開。

我記得被人力銀行資遣的隔天，去郵局寄東西，櫃台小姐態度親切地說：「我在電視上看過你喔，你是大米對嗎？」我笑著點點頭，內心卻在淌血：「完蛋了，我失去工作卻越來越有名，有名氣會很難找下一份工作啊。」

我去領失業給付時，抽完號碼牌，坐在沙發上等待叫號時，心裡覺得很尷尬，深怕被別人認出來。有人認出來嗎？沒有。我沒有那麼紅，而是自以為紅。輪到我時，櫃台人員解說著請領失業津貼的流程：「你在這段期間必須去投遞履歷，聽一些職場相關的演講與講座。」去聽職場講座?!我啞然失笑地想著：「這類型的演講，平常都是我在講給別人聽的，不是嗎？」

因為經歷過這些職場挫折，我在書寫職場文章時，更關注失意、失業的人，在失業、失意不好受的日子，不是人人都撐得住，需要有個走過風雨的人，回頭跟他們說聲：「沒事的，事情沒你想的這樣糟，都會過去，都會沒事的。」

過去的我，認為挫折就是挫折，現在的我覺得挫折是禮物，唯有在低谷與不堪中，人才會拚搏全力，在拚搏中長出新的能力，每一次的挫折，都是在替下一個康莊大道開路。

回首來時路，處處都是如此，只是當時的我心理素質太低、太脆弱，只會一直哭。

二十幾歲時，一張不夠稱頭的文憑，是我打拚前途的護身符。這張符咒不太靈驗，我常常叫天天不靈、叫地地不應求助無門。我常覺得自己才高八斗卻時運不濟，我總是怨天、怨地、怨命運，羨慕別人好命、好運、好父母。如今回首一看，當時的不得志，也不過就是三、四年，命運真的有苛薄我嗎？其實沒有。每個年輕人找機會的過程本就是如此。

∴ 現在的我覺得挫折是禮物，

唯有在低谷與不堪中，人才會拚搏全力，

長出新的能力。

倘若一開始求職就很順遂的話，會更好嗎？不會。

倘若讓懷抱著想到大電視台一展長才的我，早早入行、早早圓夢，應該也就早早轉行了。是這段尋覓過程中的付出與辛苦，加深了我的決心，也累積了實力，甚至因此懂得珍惜。

人生這條路，是不斷不斷嘗試，不斷不斷修正出方向，當時那麼想當記者的我，如果人生重來一次還是會選擇這條路，但要如今四十幾歲的我再去跑新聞，我死都不會肯的，跑新聞太累了，玩過、經歷過就好。

不僅工作上的喜好你會隨時調整，你的價值觀也會一次一次地校正。過去，我因為家境比較辛苦，為了改善家計，我總想追求名利雙收，因為我認為有名就會有利，等到我逐漸有一點點名氣後，卻常常自問：「有知名度是你想要的嗎？這樣的生活你喜歡嗎？」好像也不見得這麼愛，有名會失去隱私，也很困擾，我再次跟自己的內心對話，體悟出最棒的人生是不具知名度卻有足夠的金錢可花用。

名氣是換得利益的一種過程、一種方法，然而世界上有很多其他的道路可以有利益，也能保有隱私。我喜歡保有隱私的感覺，能當個口袋有錢卻不具知名度的路人甲，才是最棒的人生。於是，我決定將工作重心從上通告轉為挑選開團產品，當個團媽或者團主，感覺很沒身分地位也很俗氣，卻可以擁有更多自由自在，也不必擔心被人指指點點，更無須顧忌自己的形象。我很喜歡這種把自己放低的感覺，不用站在神壇上華山論劍的感覺很好，口袋有實力就夠了，能好好過日子就夠了。

對於名利我有了新的選擇，對於別人的攻擊我也有了新的應對方式。

我從小就能言善道，也以為滔滔不絕、口若懸河才能討回公道，甚至能給人點顏色看才是強者。我在二十幾歲時，本事不夠，受到委屈，總希望有人能幫忙出口氣，譬如公司主管能主持公道，懲處壞人。想來也真的有點可笑，最終，我能得到的僅是跟一群同事在百元熱炒店裡咒罵一切，發洩了情緒，破了點財，隔天一切照舊。

三十幾歲時，當上了主管，有了權力與資源，受到委屈會挺身站上第一線，舌戰或筆戰群雄，雙方往來廝殺混戰無法分辨勝負，回到家裡時，總讓我覺得身心萬分疲憊，個性也變得尖銳。當你手上有個槌子，眼中就容易看到釘子，總想拿出武器，要對方好看，最終，有沒有給對方好看也不太確定，自己卻已經成為一個難以討好且處處只看別人缺點的人。

如今我四十幾歲了，多了點人生閱歷，關於公道與委屈，心中都有新的想法，明白出社會後，所有的公道，都不是報告主管可以討來的。

在我寫這篇文章時，朋友告訴我，網路上正有一群人在攻擊我、謾罵我，過去碰到這樣的情況，我會認真去審視他們罵我的文字，一個字、一個字地凝視，每句話、每句話地放大，我會站上前去迎戰，我會正面交鋒，我希望真理越辯越明，讓對方明白他們是錯的。在走過很多風雨後，我已經知道這樣只是內耗心神，任何說明，不論你說得多好，只要對方不想聽，真理都不會越辯越明，只會越說越氣。

我不能控制別人對我的評論，我能控制自己不聽、不看、不想，我照常過日子，照樣出遊，照樣看演唱會，所有的攻擊因為我的不動如山，也就起不了作用。

世間所有的公道從來不在一張嘴，公道也不在人心，人心是漂移的，會因為既得利益而不公不義。時間會沉澱一切，時間總是走得有點慢，你得有點耐心，不要敗給自己的心煩氣躁。當你有實力時，大家為了討好你，就會站在你這邊，實力強大者，常常就能擁有傾斜於他的公道。

我的胸襟是走過很多委屈與風雨撐大的，我的底氣是存款給的，當你口袋有錢時，就可以比較淡然，就比較不會受到委屈，也能用錢買把傘，遮擋風雨、擺平風雨。

四十幾歲時，我已經可以面對風波沉著應戰，冷眼以對，讓流言蜚語在時間的流逝下塵埃落定。這次的風波我沒有對朋友提起，因為每提起一次就是讓事情有了新的元素，何必呢？像這樣很平靜地寫在書中，賺點版稅不是挺好的嗎？

謝謝你購買這本書，因為有你的支持，讓我得以走過這看似光鮮亮麗卻風雨飄搖的四年。我想回送你兩道應對人生的錦囊妙計，當你困頓時請拿出來看一下，第一、不要期待在別人嘴裡討公道，你只要持續前進就好。第二、沒有不會停的風雨，一切都會過去，靜心等待就可以。

祝福你在未來的人生路上，不斷校正出更適合自己的道路，擁有更淡定的心靈與強大的實力。

謝謝你，大米非常謝謝你，感謝你造就了我，非常謝謝你。

國家圖書館出版品預行編目 (CIP) 資料

可以強悍，也可以示弱 / 黃大米著 . -- 初版 . -- 臺北市 : 遠流出版事業股份有限公司 , 2022.08
面； 公分
ISBN 978-957-32-9668-3(平裝)
1.CST: 自我實現 2.CST: 生活指導

177.2 111010659

可以強悍，也可以示弱

有身段也有手段，人生的規矩我說了算

作　　者｜黃大米
攝　　影｜李宛珊
總 編 輯｜盧春旭
執行編輯｜黃婉華
行銷企劃｜鍾湘晴
美術設計｜王瓊瑤

發 行 人｜王榮文
出版發行｜遠流出版事業股份有限公司
地　　址｜台北市中山北路 1 段 11 號 13 樓
客服電話｜02-2571-0297
傳　　真｜02-2571-0197
郵　　撥｜0189456-1
著作權顧問｜蕭雄淋律師
ISBN｜978-957-32-9668-3

2022 年 8 月 1 日初版一刷
2022 年 12 月 27 日初版五刷
定　　價｜新台幣 370 元
（如有缺頁或破損，請寄回更換）

遠流博識網 http://www.ylib.com
Email: ylib@ylib.com